Herbert Köfer

Das war's –
noch lange nicht!

Erinnerungen

aufgezeichnet von Alex Wolf
unter Mitarbeit von Ute Boeden

Ullstein

ein Ullstein Buch
Nr. 35507
im Verlag Ullstein GmbH,
Frankfurt/M – Berlin

Originalausgabe
mit 32 Fotos

Umschlagentwurf:
Theodor Bayer-Eynck
Foto: Mike Moritz
Alle Rechte vorbehalten
© 1995 Verlag Ullstein GmbH,
Frankfurt/M – Berlin
Printed in Germany 1995
Gesamtherstellung:
Ebner Ulm
ISBN 3 548 35507 2

Mai 1995
Gedruckt auf alterungsbeständigem
Papier mit chlorfrei
gebleichtem Zellstoff

Die Deutsche Bibliothek – CIP-Einheitsaufnahme

Köfer, Herbert:
Das war's – noch lange nicht! : Erinnerungen /
Herbert Köfer. Aufgezeichnet von Alex Wolf unter
Mitarb. von Ute Boeden. – Orig.-Ausg. –
Frankfurt/M ; Berlin : Ullstein, 1995
(Ullstein-Buch ; Nr. 35507 : Ullstein-Sachbuch : Biographie)
ISBN 3-548-35507-2
NE: Wolf, Alex [Bearb.]; GT

Inhalt

Vorwort

Nichts ist leichter für mich, als die Geschichten, welche sich in meiner Familie vor meiner Geburt und in meinen ersten Lebensjahren ereigneten, wiederzugeben – so, wie mein Vater sie sah. Wieder und wieder erzählte er sie in seinen späten Jahren. Bei Familienfesten verdrückte sich einer nach dem anderen, den letzten erwischte es: Er mußte zum wievielten Male die gleichen Geschichten hören, und das bis um zwei oder drei Uhr morgens, denn meine Eltern waren noch im hohen Alter höchst vital.

Damit mir dies nicht widerfährt, meine Kinder, Enkel und Urenkel nicht entsetzt fliehen, wenn ich's mir bequem machen möchte, und rufen: »Opa, das hast du uns schon so oft erzählt!«, soll nun ein erstes und letztes Mal erzählt werden, was mir in den Sinn kommt, wenn ich mein Leben Revue passieren lasse.

1. Mein Elternhaus

Frühjahr 1920. Es ist der zweite Frühling im Frieden, und mein Vater, Carl Köfer, muß sich nun immer häufiger von seinen Eltern, aber auch von seinen Kollegen auf dem Flughafen Johannisthal und seinen Skatfreunden sagen lassen: »Mensch, Carl, der Krieg is' vorbei, und nu' biste schon 26. Such dir endlich 'ne Frau!«

Leicht gesagt, denkt Carl, eine Frau zu finden, die so einen verrückten Menschen wie mich heiraten will. Ich habe es nun schon so oft versucht: Den meisten paßte es nicht, daß ich mich für Politik interessiere. Und für Kartenspielen können sich Frauen schon gleich gar nicht begeistern. Meine Bekannte Erna beispielsweise, die sitzt bei den Skatrunden mit meinen Freunden nur gelangweilt rum.

Und doch soll gerade eine von Carls geliebten Skatrunden ihm die Frau fürs Leben, meine Mutter, bescheren. Eines Tages bringt Erna – wohl mehr zu ihrer eigenen Unterhaltung – zu Carls Abend im Gesangverein mit anschließendem Preisskat ihre Freundin Emmy mit. Doch Emmy scheint keinen Sinn für Klatsch und Tratsch mit ihrer Freundin zu haben, sie setzt sich still neben Carl und beobachtet das Skatspiel der Männer. Schließlich kann auch Carl sich gar nicht mehr auf seine Karten konzentrieren.

Nur wenige Wochen später, am 30. April 1920, heiratet Carl seine Emmy.

Schon an jenem 30. April ist Emmy klar, was sie sich mit ihrem Carl »aufgeladen« hat: Nach dem Abendessen gibt es für den engagierten Gewerkschafter kaum noch ein anderes Thema als den nächsten Tag – den 1. Mai, Kampftag der Arbeiter. »Du wirst dich noch einmal um Kopf und Kragen reden«, wirft die Jungvermählte ihrem Angetrauten vor, »doch das gewöhne ich dir schon noch ab!« Nichts hilft – wenige Stunden später schleppt Carl seine junge Frau zur Demonstration, die Hochzeitsnacht war sehr kurz. Mit der Zeit gewöhnt sich Emmy an die Eskapaden ihres Carl, doch sie selbst wird sich zeitlebens nie für Politik interessieren.

Die ersten Monate ihrer Ehe wohnen die beiden bei Emmys Eltern, aber Carl sucht hartnäckig nach einer eigenen Wohnung. Er will mit 26 Jahren endlich eine eigene Bleibe haben, keine Rücksicht mehr nehmen müssen auf Eltern, Schwiegereltern und Geschwister. Ein verständlicher Wunsch, zumal Emmys Brüder Hermann und Ernst trinkfeste Kutscher sind, die ihrem frischgebackenen Schwager oft zu zwar fröhlichen, aber auch anstrengenden Nächten verhelfen.

Auch Emmys Vater ist ein standfester Trinker. Groß geworden im Waisenhaus, erlernte er den Beruf eines Drechslers, den er bis zu seinem tragischen Tod ausübte. Eine Geschichte, die meine Mutter oft erzählte, scheint ihn am treffendsten zu charakterisieren:

Essenszeit. Die Kinder sitzen zu Tisch. Hermann,

der Jüngste, schiebt seine geringe Fleischration an den Tellerrand, um sich das Beste für den Schluß aufzubewahren. Vater Ernst sieht's, langt mit seiner Gabel über den Tisch. Sich den guten Bissen in den Mund schiebend, sagt er kurz und bündig: »Ich sehe, du willst das Fleisch nicht.« Er war sehr hart zu seinen Kindern. Wie merkwürdig ist es da, daß ein auf der Straße spielendes, fremdes Kind sein Verhängnis wurde. Ein schwerer Wagen kommt auf abschüssiger Straße ins Rollen, er springt dazwischen, um das Kind zu retten, wird an die Wand gequetscht und stirbt zwei Wochen später an den Folgen des Unfalls.

Doch zurück zu meinen Eltern.

Eine eigene Bleibe zu finden ist für junge Eheleute schwer. Die Wohnungsnot ist groß, oft teilen sich Familien mit mehreren Kindern die engen Wohnungen noch mit sogenannten »Schlafburschen« – junge Männer, die bevorzugt in den Nachtschichten der großen Industriebetriebe arbeiten und tagsüber schlafen. Viele Betten im Scheunenviertel, Prenzlauer Berg oder um den Ostbahnhof herum werden auf diese Art nie kalt.

Carl und Emmy haben Glück – sie finden für wenige Mark eine Bleibe im 3. Hinterhof der Carmen-Sylva-Straße im Prenzlauer Berg. Die Erdgeschoßwohnung ist dunkel, feucht und muffig – aber das erste eigene Heim des jungen Ehepaares, das sich unbändig auf den ersten Nachwuchs freut, der sich inzwischen angekündigt hat.

17. Februar 1921. Es regnet. Die enge Wohnstube ist wenig einladend. Doch hier erblicke ich um 3 Uhr 30 das Licht der Welt. Die Hebamme sagt: »Er

zeigt der Welt sein Hinterteil!«, und zeigt meinem Vater das blanke etwas. »Vielleicht hat er recht«, meint sie, »nur mit dieser Haltung kann man es zu etwas bringen!«

Auch die Stimmung an jenem Tag ist trotz des freudigen Ereignisses eher trüb. Vater hat kurz zuvor seine recht gut bezahlte Stelle als Schlosser bei dem Flugzeugkonstrukteur Harlan auf dem Flughafen Johannisthal verloren. Schuld ist die Politik: Vater hat sich als Gewerkschafter für die Rechte seiner Mitarbeiter eingesetzt und ist daraufhin der erste, der auf die Straße gesetzt wird.

Mutter bessert bis kurz vor meiner Geburt und bald danach mit Putzen die Haushaltskasse auf.

Vater verdient sich mal so, mal so sein Geld. Besonders stolz ist er auf seine künstlerischen Aktivitäten! Als Kleindarsteller im Admiralspalast. Mal ist er Mann, mal ist er Frau. Seine größten Erfolge, will man ihm Glauben schenken, hat er als Bär im dicken Pelzkostüm. Vater ist so der Liebling aller Ballettmädchen – und dazu gibt's noch drei Reichsmark pro Vorstellung!

Dennoch – Vater, trotz seiner energischen Art im Inneren sehr empfindlich, droht an der nervlichen Belastung zu zerbrechen. Tag für Tag begibt er sich auf die Suche nach Arbeit, nimmt jede noch so schlecht bezahlte Aushilfsarbeit an, nur um am Abend seiner Emmy ein paar Groschen in die Hand drücken zu können.

Einmal in der Woche reiht er sich in die unendlich lange Schlange vor dem Arbeitsamt ein, läßt sich das karge Arbeitslosengeld auszahlen.

Im Frühsommer 1922 bricht er in der Schlange vor dem Arbeitsamt zusammen und bleibt regungslos auf dem Pflaster liegen. In unmittelbarer Nähe, in der Ziegelstraße, befindet sich ein Zweiginstitut der Charité, das meinen Vater aufnimmt. Ein kranker Arbeitsloser, das ist in jener Zeit keine Person, um die man sich groß Gedanken macht. Doch genau an jenem Tag besucht der berühmte Chirurg Professor Bier die kleine Zweigstelle, er will den dort assistierenden Studenten seine neue Operationsmethode vorführen, mit Hilfe von Katzendärmen Darm-Magen-Operationen vorzunehmen. Inzwischen haben die Ärzte bei Carl einen akuten Magendurchbruch diagnostiziert, in jener Zeit für ein solch armes Würstchen eigentlich das Todesurteil. Doch Vater avanciert plötzlich zum erstklassigen Vorführobjekt für den Professor, der ihm mit seiner »Notoperation« vor staunenden Studenten das Leben rettet. Danach weist Professor Bier Vater zwar darauf hin, daß es sich nur um eine »vorläufige Operation« gehandelt habe und der Patient unbedingt noch einmal unters Messer müsse. Vater hat jedoch von der einen »Schnipselei« zeit seines Lebens genug und lebt bis zum hohen Alter von 96 Jahren mit seinen »Katzendärmen«. Obwohl er häufig unter schlimmen Magenkrämpfen zu leiden hat, läßt er sich nicht davon überzeugen, sich noch einmal »aufschneiden« zu lassen.

Nahezu sechs Monate ist Vater schwer krank. Unsere finanzielle Situation verschlechtert sich zusehends, Mutter weiß oft am Abend nicht, womit sie am nächsten Tag wenigstens ein Stück Brot für uns bezahlen soll. Die große Sorge um das tägliche Brot bremst seine Genesung, doch in dieser schweren Zeit bewährt sich seine langjährige Freundschaft mit Max Lindner, mit dem er gemeinsam die Schulbank gedrückt hat.

Später finden sie sich im Arbeitergesangsverein wieder. Zweimal in der Woche gehen sie zum Singen. Man weiß nicht, ob der Gesang oder das anschließende gesellige Beisammensein mit Skatrunde wichtiger ist. Aus den Sanges- und Skatbrüdern Carl und Max werden jedenfalls Freunde fürs Leben.

Onkel Max gehört zu den wenigen Glücklichen, die in jener Zeit eine Arbeit haben. Es ist zwar nur eine schlecht bezahlte Bürostelle, doch Max zögert nicht, von seinem schmalen Gehalt noch die Familie seines besten Freundes zu unterstützen. Ihm ist es zu verdanken, daß meine Eltern diese schlimme Zeit überstehen.

Kaum genesen versucht Vater eine Stelle zu finden. Doch er hat keinen Erfolg. Die beginnende Weltwirtschaftskrise bringt Millionen von einfachen Leuten, nicht nur in Deutschland, um Lohn und Brot. Wer gestern noch als Vorarbeiter stolz mit weißem Hemdkragen in die Fabrik ging, kann heute schon in Lumpen vor dem Fabriktor sitzen und um Almosen betteln. Wer sich gestern noch als Besitzer eines kleinen Ladens zum Kleinbürgertum zählen durfte, kann heute schon als Hilfsarbeiter auf dem Großmarkt Kisten schleppen – wenn er so viel Glück hatte, diese Arbeit zu bekommen.

Vater hält sich mit dem Austragen von Zeitungen über Wasser. Jeden Morgen schwingt er sich auf sein Fahrrad, am späten Nachmittag zählt er Mutter sei-

nen Tageslohn auf den Küchentisch. Bald ist Vater
Millionär, kurz darauf Milliardär – wie alle Deutschen: Die Inflation nimmt ein unvorstellbares Ausmaß an. Oft spottet Vater: »Diese Summen hätte ich
haben sollen, als wir uns damals kennenlernten, was,
Emmy?«

Doch Vater ist pfiffig – nicht nur beim Austragen
der verbotenen KPD-Zeitung »Die Rote Fahne«, die
er auf seinem Fahrrad unter den anderen Zeitungen
verbirgt. Manchmal versteckt er auch die Zeitungen
in meinem Kinderwagen, unter dem Kissen, auf dem
ich liege. Er hat Glück bei »unserer« politischen Arbeit: Nie werden wir erwischt. Ja, Vater Carl ist ein
beachtliches Organisationstalent. Er gehört bald zu
jenen Zeitungsausträgern, die die Touren für ihre
Kollegen zusammenstellen. Das ist schon ein kleines
Kunststück, denn überall sollen die Zeitungen pünktlich erscheinen und nicht jeder kann seine Arbeit
ohne Hilfe so organisieren, daß alles reibungslos
funktioniert. Vater dagegen macht gerade diese Organisation Spaß, und so baut er in kurzer Zeit ein ta-
dellos funktionierendes Verteilernetz auf. Bereits
Mitte der zwanziger Jahre führt und beaufsichtigt er
mehrere Zeitungsausträger. In jener Zeit wächst in
Berlins Westen das neue Wahrzeichen der Stadt in
die Luft – der Funkturm. Vaters organisatorische Fä-
higkeiten müssen sich bis zur Leitung des Messege-
ländes am Funkturm herumgesprochen haben, denn
eines Tages bekommt er das Angebot, dort den Vertrieb der Kataloge und Programme sowie der Zeit-
schrift »Berlin« zu übernehmen.

Das ist Vaters erster Schritt in die Selbständigkeit,

eine Gelegenheit, auf die er lange gewartet hat. Bereits seit geraumer Zeit spukt in seinem Kopf der Gedanke herum, daß in solch einer Weltstadt wie Berlin mit der Herstellung und dem Verkauf von Ansichtskarten ein solides Einkommen zu erzielen sein müßte. Emmy hört sich wie immer Vaters begeisterte Ideenschilderung an und meint lediglich: »Versuch es doch einfach!«

Anders jedoch fällt die Reaktion bei der Messeleitung am Funkturm aus, bei der Vater mit seiner Idee vorstellig wird und um einen Vertrag mit der Genehmigung des exklusiven Verkaufs von Postkarten auf dem Messegelände bittet. Keiner der Herren glaubt dem Zeitungsausträger aus dem Prenzlauer Berg, daß damit Geld verdient werden könnte. Die Herren amüsieren sich köstlich – und Vater bekommt seinen Vertrag . . .

Das hochmütige, amüsierte Gehabe der vornehmen Geschäftsleute ärgert Vater zwar, doch er hat sein erstes Ziel erreicht und setzt sein Vorhaben konsequent in die Tat um. Kaum hat er das Messegelände mit dem Vertrag in der Tasche verlassen, engagiert er einen Fotografen und scheucht ihn quer über das weitläufige Terrain rund um den neuen Funkturm. Auch auf den Turm jagt er den schüchternen jungen Mann – für Ansichten Berlins aus der Luft, damals noch eine Sensation auf dem Postkartenmarkt. Dazu kommen dann zu jeder Ausstellung aktuelle Aufnahmen der Messestände.

Vaters Rechnung geht auf. Die Besucher des Funkturms und der Ausstellungen am Fuße des neuen Touristenmagneten kaufen seine Ansichtskarten gern. Vater gründet seinen eigenen Verlag, der bald nicht mehr wegzudenken ist. Wenig später kann er vier Verkäuferinnen einstellen, und Anfang der dreißiger Jahre beschäftigt er bereits mehr als zwanzig Angestellte.

Aus dem vielbelächelten Einfall ist ein lukratives Geschäft geworden, aus dem mittellosen Zeitungsverkäufer ein geachteter Geschäftsmann ...

2. Die Zeiten ändern sich

1927 – das Jahr meiner Einschulung. Die Weimarer Republik und die abklingende Inflation bleiben mir als schöne, verrückte Zeit in Erinnerung. Vater ist mit viel Arbeit dabei, sein Geschäft aufzubauen, und der Familie geht es finanziell ständig besser. Wir sind nun aus dem miefigen Hinterhaus im Prenzlauer Berg in eine größere Vorderhauswohnung in der Pankower Hadlichstraße gezogen, Mutter muß nicht mehr jeden Groschen dreimal umdrehen, kurz: ich erlebe eine unbeschwerte Kindheit.

Monatelang zerbrechen sich meine Eltern den Kopf, welche Schule ich besuchen soll. Die vorherrschenden »Prügelschulen« sind nämlich nicht nach ihrem Geschmack. Carl und Emmy haben als Kinder selbst dieses unselige, auf absoluten Untertanengehorsam ausgerichtete Schulsystem durchlitten. Ihr Herbert, so beschließen sie, soll es besser haben.

Meine Eltern suchen nach einer anderen Möglichkeit. Von Freunden erfahren sie, daß es in Berlin-Niederschönhausen seit einiger Zeit eine sogenannte »Gemeinschaftsschule« gibt. Sie erkundigen sich und melden mich in der ersten sozialistischen Gemeinschaftsschule Berlin an.

Das Klassenzimmer, in dem ich fortan lernen soll, ist hell. Es ist mit Stühlen und Tischen ausgestattet anstatt der sonst üblichen engen und harten miteinander verbundenen Schulbänke. Das Schönste jedoch: In den ersten Schuljahren gibt es keine Zeugnisse!

Meine Lehrerin, Frau Jahnke, sieht aus wie meine vielgeliebte Tante Lenchen. Nachts in meinen Träumen verschmelzen die beiden oft zu einer Person. Tante Lenchen ist eine Schwester meines Vaters. Sie ist klein, wie ihre Mutter, warmherzig und großzügig. Sie hat einen kleinen Haushaltsladen bei Buch, und wenn ich sie sehe, bekomme ich immer eine Tüte herrlich bunter Murmeln. Murmeln sind ein Schatz für mich, denn in dieser Zeit bin ich leidenschaftlicher Murmelspieler. Zu meinem Leidweisen versäuft ihr erster Mann Raimund später den Laden, so daß die Murmelquelle versiegt.

Da meine Eltern ständig zu tun haben, verbringe ich den größten Teil meiner Kindheit bei den Großeltern väterlicherseits, die es aus dem sächsischen Hilbersdorf, unweit von Karl Mays Geburtsort Hohenstein-Ernstthal, nach Berlin verschlagen hat. Nach der Schule bin ich meist bei ihnen. Großvater arbeitet zu dieser Zeit als Rohrleger, ist viel unterwegs. Welche Freude, wenn er kommt. Dann setze ich mich auf seinen Schoß, und er muß mir das Lied vom »Vugelbeerbaam« singen. Wieder und wieder will ich es hören.

Einmal versetze ich meine Großeltern in helle Aufregung. Die Schule ist längst zu Ende. Sie warten und warten. »Klein-Herbert« kommt nicht. Vor lauter Angst verständigen sie die Polizei. Endlich findet man mich. Ich stehe im Pankower Bürgerpark auf einer Brücke, spucke auf der einen Seite in die Panke, renne zur anderen Seite und warte, bis meine Spucke da ankommt. Stunde um Stunde hatte ich dieses Spiel getrieben. Fassungslos, aber glücklich nehmen mich meine Großeltern aus den Händen der Polizei in Empfang.

Auch meine beiden Onkel Hermann und Ernst, jene Brüder meiner Mutter, die meinen Vater als jungen Ehemann mit ihren gemeinsamen Sauftouren so oft um seinen Schlaf brachten, kümmern sich viel um mich. Mir macht es eine unbändige Freude, zu ihnen auf den Kutschbock zu steigen und durch Berlin zu zuckeln. An jeder Kneipe, und davon gibt es im Berlin der goldenen Zwanziger wahrlich an jeder Ecke zwei, bringen Hermann und Ernst ihr Gespann mit einem lauten »Brrr« zum Stehen – und legen eine »kleine Pause« ein. Jeden Wirt kennen sie mit Vornamen, und jeder Wirt stellt ihnen ohne große Worte ihren Klaren hin. Für mich gibt es dann immer einen Klecks Himbeersirup – serviert im Schnapsglas.

Am Ende eines solchen Tages müssen die Pferde meiner beiden »Lieblinksonkel« allerdings ihren Weg in den Stall allein finden – Hermann und Ernst finden gerade mal den Weg in ihre eigenen Betten, mehr aber auch nicht . . .

In der Hadlichstraße gewinne ich schnell viele gleichaltrige Freunde, darunter Horst, den Sohn der Portiersfrau. Horst lernt Mandoline spielen, was mich ungeheuer beeindruckt. Ich bewundere seine Fingerfertigkeit und versuche selbst, auf dem Instrument herumzuklimpern. Zum Erstaunen aller Anwesenden entlocke ich der Mandoline schon sehr schnell kleine Melodien. Über viele Wochen leihe ich mir die Mandoline aus, bis ich an meinem neunten Geburtstag von meinen Eltern endlich ein eigenes Instrument bekomme. Voller Begeisterung lerne ich in kurzer Zeit Mandoline spielen. Fortan haben es meine Eltern leicht, mir Wünsche zu Geburtstagen und Weihnachten zu erfüllen: Es soll immer ein neues Instrument sein. Erst eine Zither, eine Geige, eine Flöte und dann ein Saxophon. Bald habe ich eine stattliche Sammlung, nur das Saxophon lege ich schnell wieder weg – es fällt mir schwer, darauf auch nur einen richtigen Ton zu produzieren. Mit der Violine habe ich mehr Glück. Wöchentlich zweimal marschiere ich in die private Violinschule des Konservatoriums von Herrn Wolf in der Pankower Kissingenstraße. Anfangs macht mir das keinen sehr großen Spaß, denn vor dem Spaß des Stückespielens kommt ja bekanntlich der harte Ernst des Erlernens der Technik. Darauf besteht mein Lehrer Herr Wolf ausdrücklich. Also lerne ich mürrischen Gesichts alle langatmigen Etüden und ernte dafür Lob des strengen Lehrers. In jener Zeit wächst in mir der Wunsch, Musiker zu werden. Doch das erledigt sich später von ganz allein. In meinem Ehrgeiz, jedes nur mögliche Instrument zu beherrschen, verzettele ich mich. Sogar mit dem Klavier versuche ich es. Mein Lehrer quält sich redlich, doch erweist sich das bald als vergebliche Liebesmüh, da ich dazu neige, äußerst großzügig auf die nun einmal unbedingt notwendigen Fingerübungen zu verzichten. Für meine Begriffe klingen die von mir »im kleinen Rahmen« gegebenen »Klavierkonzerte« zwar perfekt, doch mein armer

Lehrer leidet sichtlich. Schließlich lasse ich das sein und widme mich wieder meiner Violine.

Im Sport dagegen bin ich eine absolute Null. Aber selbst da habe ich einen tiefen Drang nach Anerkennung und versuche, wenigstens im Hochsprung zu den Besten zu gehören. Diese sportliche Leistung tue ich dann bei allen Gelegenheiten kund.

Ansonsten bin ich ein sehr mittelmäßiger Schüler. Die Schularbeiten erledige ich häufig in einer kleinen Kammer in den Ausstellungshallen des Funkturms, in dem meine Eltern ihre Ware lagern. Wenn mein Vater doch einmal mit mir Rechnen übt, kommt es dann und wann zu »Handgreiflichkeiten«. Rechnen kann ich bis heute nicht.

In die Schule komme ich oft zu spät, denn auch meine Mutter überhört den Wecker häufig. Ein Taxi fährt mich dann zur Schule. Da ich mich vor meinen Mitschülern schäme, wieder einmal verschlafen zu haben, lasse ich den Fahrer weit vor der Schule halten und renne das letzte Stück bis zum Schulgebäude.

Als Ausgleich für mein schulisches Versagen veranstalte ich zu Hause kleine »Konzertreihen«. Im Rahmen dieser »Reihen« gebe ich schließlich mein erstes »Rundfunkkonzert«. Zu jener Zeit ist es eine sensationelle technische Neuheit, ein Mikrofon über Kabel mit einem Rundfunkempfänger zu verbinden und eine »Übertragung« zu veranstalten. Da ich über die »technischen Voraussetzungen« verfüge, nutze ich die erste sich bietende Familienfeier, um das alles auszuprobieren: Ich verbinde mein Mikrofon mittels eines meterlangen Kabels mit dem Radioempfänger im Wohnzimmer und nehme mit meiner Violine in einem anderen Zimmer vor dem Mikrofon Aufstellung. Mit verstellter Stimme verkünde ich: »Meine Damen und Herren, Sie hören jetzt ein Violinkonzert von Haydn, gespielt von Herbert Köfer«, und lege los. Wie mir kurz darauf berichtet wird, fallen meinen im Wohnzimmer versammelten Verwandten – Omas, Opas, Tanten und Onkel – vor Schreck die Kaffeelöffel aus der Hand. »Der Herbert im Radio, nein so was. Wie geht denn das?« Meine erste Rundfunksendung wird ein voller Erfolg, und ich werde später dieses »Erfolgsrezept«, Moderation mit Darbietung zu verbinden, noch häufig strapazieren. Eigentlich ist dies, ohne dem Sender »Hundert, 6« das Wasser abgraben zu wollen, schon die Geburtsstunde des »Privatradios in Berlin« gewesen.

In jener Zeit beginnt Vater für die Heidelberger Festspiele zu arbeiten – und legt wahrscheinlich damit den Grundstein für meinen späteren Beruf: Carl übernimmt den gesamten Vertrieb aller Kataloge und Drucksachen für die Festspiele, und natürlich fährt er mit der gesamten Familie nach Heidelberg. So komme ich schon als kleiner Junge in den Genuß erstklassiger deutscher Schauspielkunst, erlebe berühmte Schauspieler wie Heinrich George und Max Pallenberg nicht nur bei ihren Aufführungen, sondern auch bei den Proben. Es öffnet sich eine große, abenteuerliche Welt: Ich erlebe einmalige Aufführungen von Stücken wie »Das Käthchen von Heilbronn«, »Schluck und Jau« und »Ein Sommernachtstraum«. Mit offenem Mund staune ich über den Zauber dieser unvergeßlichen Aufführungen im Hof des Heidelberger Schlosses. Das beeindruckendste

Erlebnis wird für mich Käthchens Monolog, gesprochen aus einem Fenster des »brennenden« Schlosses.
Verzaubert werde ich von der Darstellung des Brandes. Es leuchten unzählige bengalische Feuer, die das
gesamte Schloß erhellen.

Staunend verfolge ich alle nur möglichen Proben,
erlebe heftige Auseinandersetzungen zwischen Regisseuren und Schauspielern.

Mit heißem Kopf und roten Ohren bin ich wie be-
rauscht. Das bengalische Feuer, dieser nie wahrge-
nommene, unnachahmliche Geruch von Schminke,
Leim, Pappe und Farbe hinter der Bühne, die Schauspieler vor ihrem Auftritt in der Gasse beim Inspizienten, dieses Getuschel und Flüstern, eine geheim-
nisvolle Atmosphäre . . .

Wie sehr möchte auch ich anders sein, als ich bin.

Nicht der bläßlich-unscheinbare Schüler Herbert,
sondern, sondern – ja, was?

Natürlich ist mir in jenen Momenten nicht bewußt,
welch großes Aufgebot berühmter Schauspieler ich
da sehe. Unvergessen sind sie alle: Max Pallenberg,
Eugen Klöpfer, Fritzi Massary, Paul Graetz und viele,
viele andere.

Die politische Wirklichkeit dringt wenig später in
meine scheinbar friedliche und behütete Kindheit.
Schon seit Ende der zwanziger Jahre eskalieren die
Auseinandersetzungen zwischen den Sozialdemokra-
ten und Kommunisten. Die beiden Arbeiterparteien
bekriegen sich gegenseitig. »Rotfrontkämpferbund«
und »Reichsbanner« liefern sich gegenseitig nicht nur
Schlägereien, es kommt auch zu handfesten bewaff-
neten Auseinandersetzungen.

Eine solche erlebe ich in einer kleinen Pankower Seitenstraße, während ich mit Mutter auf dem Nachhauseweg bin. Mutter zieht mich schnell in einen schützenden Hauseingang. Schüsse fallen, Munition pfeift haarscharf an uns vorbei. Nachdem alles wieder ruhig ist, wagen wir uns, am ganzen Leibe zitternd und völlig verängstigt, aus unserem Versteck und laufen so schnell wie möglich nach Hause. Als wären wir auf der Flucht...

Noch lange danach verfolgen mich diese Bilder im Traum.

In jener Zeit wird mir allmählich der Sinn des Sprichworts »Wenn zwei sich streiten, freut sich der Dritte« bewußt. Vater, der sich zu den Kommunisten hingezogen fühlt und als kleiner Unternehmer stets sozial engagiert ist, kann die starre Haltung der beiden großen Arbeiterparteien nicht verstehen. Oft und laut diskutiert er mit Freunden in unserer Wohnung, bezieht mich zunehmend in die Gespräche ein.

Daß etwas Unheilvolles in der Luft liegt, ist zum Jahreswechsel 1932/33 spürbar, und im Januar 1933 kündigt sich die neue Macht auch mir sehr nachhaltig und auf furchtbare Weise an. An einem eisigkalten Abend komme ich mit Vater von einer Ausstellung am Funkturm zurück. Wenige Meter vor unserem Haus stellt sich uns ein älterer Herr in den Weg, in der Hand einen gezogenen Säbel. Wütend schreit er auf meinen Vater ein: »Dich bringe ich jetzt auch bald um, du Kommunistensau!« Vater läßt sich auf den Streit nicht ein, wechselt stumm mit mir die Straßenseite. Schweigend laufen wir den Rest des Weges.

Im Frühjahr 1933 findet auch das Experiment Gemeinschaftsschule seinen Abschluß: Mit sofortiger Wirkung wird die Schule in eine Gemeindeschule verwandelt, ab jetzt herrscht Zucht und Ordnung, viele unserer Lehrer, die uns oft eher Freunde als Lehrer waren, werden verhaftet. Die Mehrzahl dieser warmherzigen und toleranten Menschen sehen wir nie wieder . . .

Dafür bekommen wir neues Lehrpersonal, das uns »versauten« Schülern die faschistische Ideologie nahebringen soll. Viele, auch ich, passen sich den neuen Verhältnissen an. Nicht jeder ist zum Kämpfer geboren.

Eines jedoch schaffen die neuen Lehrer nicht: unseren Zusammenhalt zu zerstören. Je größer die Schwierigkeiten werden, desto mehr halten wir zusammen, verbünden uns gegen diese uns feindliche Welt. Es entstehen Freundschaften, die Jahrzehnte halten und sich bewähren – trotz Krieg, Mauer und unterschiedlicher Systeme.

Vater ist bei der Machtübernahme der Nazis mit dem Schrecken davongekommen. Offenbar schätzen die neuen Herrscher den kleinen Postkartenhersteller als nicht gefährlich ein, jedenfalls lassen sie unsere Familie in Ruhe. Vater wird mit seinen Worten sehr vorsichtig, spricht nur noch mit zuverlässigen Freunden über die politische Situation in Deutschland. In der Nacht des Reichstagsbrands steht er im dunklen Wohnzimmer am Fenster und schaut in die Nacht.

Ich trete an ihn heran und suche seine Hand. »Papa, gibt es jetzt Krieg?« frage ich ihn.

Schweigend nickt er.

Deutschland erlebt den von Hitler versprochenen wirtschaftlichen Aufschwung.

Auch ich lasse mich blenden, erlebe als 15jähriger die ersten Militärparaden um den großen Stern – und das alle überkommende deutsche Macht- und Nationalgefühl ergreift auch von mir Besitz.

Ich bin begeistert von der flotten Marschmusik, aber auch die Klassik fasziniert mich. Von allen Seiten lasse ich mir Noten schenken. Ich will Musiker werden. Dadurch muß ich nicht wie die anderen Hitlerjungen Krieg spielen, sondern kann in der Rundfunkspielschar musizieren. Wir treten im Rundfunk auf, es gibt Konzerte und Veranstaltungen.

Vater redet immer wieder auf mich ein, ich solle mich nicht blenden lassen. Immer wieder erinnert er mich an das schreckliche Erlebnis im Frühjahr 1933, als ich mit ansehen mußte, wie unser Freund Max Lindner von der Straße weg von SA-Leuten verhaftet und auf einen LKW gezerrt wurde. Wir hatten eben gemeinsam, wie jeden Tag, in der Molkerei an der Ecke Milch geholt, als der LKW mit quietschenden Reifen um die Ecke bog. Alles passierte in Sekundenschnelle – und ich habe nichts gesagt . . .

Auch mein Vater macht immer öfter Zugeständnisse. Ging er in der Anfangszeit der Diktatur noch für ein paar Tage hinter Gitter, weil er seine Meinung zu laut kundgetan hatte, verkauft er schon wenig später auch Postkarten mit dem Konterfei Hitlers. Auch nazistische Propagandabilder fehlen nicht in seinem Sortiment. Und mit der Olympiade in Berlin macht er selbstverständlich ein glänzendes Geschäft.

Ich erlebe in jener Zeit meinen Vater als innerlich

zerrissenen, unglücklichen Menschen. Auf der einen Seite spielt er den »Mitläufer«, rechtfertigt das vor sich und seinen Freunden mit der Sorge um die Familie. Auf der anderen Seite geht er hohe Risiken ein, um andere zu retten: Mitte der dreißiger Jahre kauft er ein kleines Schreibwarengeschäft und beschäftigt dort die nette Frau Mäder, eine Jüdin, die für mich eine Vertrauensperson wird. Von der Gestapo gesucht, hat sie sich eine neue Identität verschafft. Vater sorgt für ihr Auskommen. Es erscheint grotesk: Die von den Nazis Verfolgte verkauft Hitlerpostkarten und schmückt damit den kleinen Laden sogar besonders »schön« aus. Doch vielleicht rettet eben das ihr Leben, während Millionen Juden wie unser Freund Max in den Lagern der Nazis totgeschlagen, erschossen und vergast werden.

Kurz vor der Olympiade erlebe ich den Brand der Ausstellungshalle am Funkturm. Die von einem jüdischen Architekten errichtete Halle ist den Nazis schon lange ein Dorn im Auge. Das Bauwerk steht jedoch unter Denkmalschutz und kann nicht einfach abgerissen werden. Eines Tages steht die Halle innerhalb weniger Minuten in Flammen und ist nicht mehr zu retten. Vater glaubt nicht an die in den Naziblättern verbreitete offizielle Version, wonach die Halle durch einen Kurzschluß in Brand geriet. »Die Halle wurde angezündet«, meint er überzeugt, »ich war noch zehn Minuten vor Ausbruch des Brandes in der Halle, so schnell kann sich ein von einem Kurzschluß entfachter Brand gar nicht ausbreiten!«

»Die Funkausstellung war eben beendet worden, als ein Mitarbeiter an einem Ausstellungsstand einen kleinen Brand bemerkte und sofort ›Feuer‹ rief«, berichtet Vater, »ich bin sofort losgelaufen, wollte einen Feuerlöscher holen. Ich hatte jedoch kaum die Halle verlassen, als ich hinter mir einen fürchterlichen Knall hörte. Als ich mich umblickte, stand innerhalb Sekunden die gesamte Halle unter Feuer.«

Die Flammen schlagen bis in Höhe des Funkturmrestaurants, das ebenfalls Feuer fängt. Vater, der noch Mitarbeiter im Funkturm weiß, postiert sich auf dem Balkon, das Telefon in der Hand, mit dem er seinen Mitarbeitern auf dem Funkturm Instruktionen übermittelt. Erleichtert ist er erst, als er erfährt, daß die gefährdeten Menschen von der Feuerwehr sicher nach unten geführt worden sind.

Vater wird in jener Nacht zum armen Mann. All seine Waren sind verbrannt, und er ist nicht ausreichend versichert.

In jener Zeit, als meine Eltern in den Ausstellungshallen arbeiten, freunde ich mich mit Otto Pansch an. Seinen Eltern gehört eine kleine Kneipe direkt gegenüber den Hallen, und ich verbringe viel freie Zeit nach der Schule mit Otto. In unmittelbarer Umgebung befindet sich auch ein Sportplatz, und so sind meine Eltern froh, daß ich einerseits in ihrer Nähe bin und andererseits die Gelegenheit habe, mit meinem Freund etwas Sport zu treiben. Doch wie es sich für Jungs unseres Alters gehört, bleibt es nicht beim Sporttreiben. Wir lassen uns allerhand einfallen, selbstverständlich auch Unfug. Otto zeigt mir »unter dem Siegel der Verschwiegenheit« eine »echte Pistole«, die er sich gekauft hat. Ich kann es nicht glauben. »Die hast du einfach so gekauft? Geht denn das?« frage ich ihn ungläubig.

»Klar, darfst es nur nicht deinen Eltern erzählen«, antwortet er.

Tag und Nacht geht mir nun die Pistole nicht aus dem Sinn. Einfach nur so in die Luft ballern, das muß doch Spaß machen! Doch ich weiß, daß meine Eltern mir das nie erlauben würden. Otto hat recht! Vater ist gegen Waffen aller Art, verbietet mir rigoros jedes Kriegsspielzeug. Wie es aber so ist – gerade das Verbotene reizt! Ich spare also eisern und kaufe mir eines Tages auch eine solche kleine Pistole. Mein Herz rutscht zwar in die Hosentasche, als ich vor dem Verkäufer stehe. Der jedoch nimmt kaum Notiz von mir, schiebt die Pistole über den Ladentisch und streicht das Geld ein.

Otto, dem ich meine Errungenschaft sofort stolz zeige, hat auch gleich eine Idee. »Komm, Herbert, wir versuchen, die Pistolen gleichzeitig abzuschießen. Das muß doch einen mörderischen Knall geben! Mensch, das ist toll!«

Gesagt, getan. Wir vereinbaren das gängige Kommando »1, 2 und . . . 3!«, doch bei »3« geht nur eine Pistole los – Ottos.

»Das Ding hat 'ne Ladehemmung«, schimpfe ich los und probiere ein zweites, ein drittes, ein viertes Mal. Nichts passiert. Wutentbrannt spanne ich den Hahn wieder – und da passiert es plötzlich –, ich rutsche ab, der Hahn schlägt gegen die Platzpatrone, der Feuerstrahl schießt gegen den Zeigefinger meiner Hand, die ich vor dem Lauf habe. Das Blut schießt wie aus einem Springbrunnen. Otto, kreidebleich und total verängstigt, versucht mit seinem Taschentuch, das Blut zu stillen. Wir laufen schnell nach Hause und verziehen uns ins Kinderzimmer, wo wir vergeblich versuchen, die Wunde für meine Eltern »unsichtbar« zu machen. Es tut fürchterlich weh, doch wir haben Angst, zum Arzt zu gehen. »Das wird schon aufhören«, jammere ich, doch Otto glaubt nicht so recht daran. Als wir meine Mutter kommen hören, bewegen wir uns nicht aus dem Zimmer. Mutter merkt natürlich, daß wir in der Wohnung sind, und wirft einen Blick ins Kinderzimmer. Sofort fällt ihr auf, daß etwas passiert sein muß. »Was ist los, Herbert?« fragt sie. »Du hast doch etwas! Du bist ja kreidebleich!« Dann bemerkt sie, daß ich meine Hand hinter dem Rücken verstecke. »Was hast du denn da? Versteckst du etwas vor mir?« Sie läßt nicht locker und zieht meine Hand hinter dem Rücken gewaltsam hervor, als ich nicht reagiere. »Mein Gott, was ist das denn?« ruft sie mit vor Schreck weit aufgerissenen Augen, als sie die tiefe Wunde sieht. Sofort geht sie mit mir zum Arzt, der die Wunde als erstes ohne Betäubung säubert, indem er die verrußten Wundränder und das verbrannte Fleisch entfernt. Ich stehe Höllenqualen durch, bevor ich mit einem dicken Verband die Klinik verlasse. Zu meinem Erstaunen hat der ganze Vorfall kein großes Nachspiel, Vater schimpft nicht einmal. Wahrscheinlich ist er zu der Meinung gekommen, daß die erlittenen Schmerzen Lehre genug für mich sind. Selbstverständlich verschwindet die Pistole, und ich weine ihr keine Träne nach.

Schmerzlich ist für mich jedoch, daß ich vorerst mit der verletzten Hand nicht mehr Geige spielen kann. Der Traum vom großen Geigenvirtuosen ist vorerst gründlich ausgeträumt. Monatelang quält mich und meine Eltern die Angst, ich könne den Finger vielleicht niemals wieder bewegen.

3. Glück im Spiel und in der Liebe

Von 1935 bis 1937, nach dem Abschluß der achtklassigen Gemeindeschule, besuche ich die staatlich zugelassene Privatschule des Prof. Dr. Heil und lege dort die mittlere Reife ab. Da es eine Abendschule ist, kann ich am Tage meinen Eltern im Geschäft helfen. Ich soll später einmal den Verlag meines Vaters übernehmen. Um meine Eltern nicht zu enttäuschen, mache ich die kaufmännische Lehre in der Lokomotivfabrik Ohrenstein & Koppel in Berlin-Spandau. Die Tage in der Buchhaltung der Firma sind eintönig, und ich merke schon nach wenigen Wochen, daß dieser Beruf nichts für mich ist.

Da kommt mir eine Annonce in der Zeitung ganz gelegen, in der interessierte junge Leute zu einer »Eignungsprüfung für den Schauspielberuf« eingeladen werden. Ohne solch eine Prüfung vor der »Staatlichen Kommission«, die die »Befähigung zur Eignung zum Schauspielberuf« attestiert, kommt kein Sterblicher über die Schwelle einer Berliner Schauspielschule. Das habe ich schon in Erfahrung gebracht.

Also nehme ich meinen ganzen Mut zusammen und melde mich zu dieser Prüfung an. Wochenlang lerne ich heimlich meine Texte, denn meinen Eltern erzähle ich nichts von meinem Vorhaben.

Meine gründlichen Vorbereitungen sind von Erfolg gekrönt: Mit Passagen aus dem »Prinz von Homburg«, »Die Räuber« und »Ingeborg« bestehe ich die Prüfung und halte schon bald danach den schriftlichen Bescheid in der Hand. »Die Eignung zum Schauspielberuf scheint gegeben«, wird mir da schriftlich bestätigt.

Wiederum ohne Wissen meiner Eltern bewerbe ich mich mit diesem Schreiben an der Schauspielschule des Deutschen Theaters.

Doch die Vorsprechtermine sind vormittags, und da sitze ich bei Ohrenstein & Koppel. Ich vollbringe meine erste große schauspielerische Leistung damit, daß ich meinen Vater spiele: Ich rufe in seinem Namen in der Buchhaltung der Lokomotivfabrik an und melde meinen Sohn, also mich, krank. Es funktioniert wunderbar: »Richten Sie Ihrem Sohn beste Genesungswünsche aus!«

Der zweite Versuch, mich auf diese Art krankzumelden, geht gründlich daneben. Ich vergesse zu Hause meine Frühstücksbrote. Damit erledigt sich meine Sorge, wie ich meinen neuen Berufswunsch meinen Eltern beibringen soll, ganz von allein: Meine um mein Wohlbefinden stets äußerst besorgte Mutter hat natürlich nichts Eiligeres zu tun, als von Charlottenburg bis nach Spandau zu fahren, um mir die »Stullen« nachzubringen. In der Buchhaltung erfährt sie erstaunt von meinen noch erstaunteren Kollegen, daß ich doch krank zu Hause im Bett liege.

Gutgelaunt und selbstverständlich nichts von dem drohenden Unheil ahnend, kehre ich am Abend von einem erfolgreichen Tag in der Schauspielschule zurück.

Mutter steht in der Küche am Herd und bereitete das Abendessen vor. Wie nebenbei fragt sie: »Wo kommst du denn jetzt her?«

»Aus dem Betrieb«, antworte ich und spüre im selben Moment eine kräftige Backpfeife meiner Mutter.

Nun hilft nichts mehr: Die Wahrheit muß raus. Lange diskutiere ich mit meinen Eltern, die sich partout nicht davon überzeugen lassen wollen, daß der Beruf eines Kaufmanns überhaupt nicht zu mir paßt und ich der geborene Schauspieler bin. Kurz darauf erhalte ich die Zulassung zur Schauspielschule, es muß also eine Entscheidung getroffen werden. Doch erst ein Gespräch mit dem Direktor der Schauspielschule läßt meine Eltern nachdenklicher werden – sie erfahren, daß ihr Sohn über ein vielversprechendes schauspielerisches Talent verfügt. Darauf so stolz, überhören sie ganz, was der Direktor zum Abschluß des Gesprächs verlangt: »Der Junge ist begabt, ohne Zweifel. Doch er hat abstehende Ohren. Wenn er als Schauspieler erfolgreich sein will, könnte das stören. Eine Bedingung also: Ihr Sohn läßt sich die Ohren anlegen.«

Diese Operation findet zeit meines Lebens nie statt. Es gibt einen bequemeren Weg: Mastix, der im Theater übliche Bart- und Perückenkleber, mit dem man natürlich auch Ohren ankleben kann. Doch Mastix trocknet aus. So klappen später meine Ohren mitten im Dialog öfter mal nach vorn, was natürlich bei meinen jeweiligen Partnern für Verwirrung sorgt.

Ich verabschiede mich also leichten Herzens von

der ungeliebten kaufmännischen Lehre und bin fortan stolzer Schüler einer der besten deutschen Schau-
spielschulen. Ich befinde mich zwischen Söhnen und
Töchtern von mir bewunderten Leute. Auch sie werden zum Teil später Karriere machen: der Sohn des
großen Geigers Kulenkampf, der Sohn des rheini-
schen Komikers Ludwig Schmitz, der Sohn von Erich
Engel, dem Regisseur unzähliger Lustspiele in dieser
Zeit, später bevorzugter Regisseur am Brecht-Thea-
ter. Mit Thomas Engel verbindet mich eine intensive
freundschaftliche Beziehung. Manchmal »übernimmt« der eine vom anderen die Freundin. Bei seinem Vater bin ich eines Tages zu Probeaufnahmen
für den Film »Unser Fräulein Doktor« bestellt. Am
Abend zuvor treffen sich einige Schauspielschüler bei
Ludwig Schmitz junior. Ich bin wie immer dabei. Eine
phantastische Fete: Sogar eine Höhensonne ist da!
Ich lege mich darunter, schlafe ein. Keiner merkt etwas. Als ich aufwache, packt mich das Entsetzen – zu
spät. Am Morgen gehe ich verzweifelt zu den Probeaufnahmen, natürlich werde ich umgehend nach
Hause geschickt. Die Augen sind zugeschwollen, die
Haut ist verbrannt, die Lippen sind dick und aufge-
platzt. Eine schöne Bescherung! Als Trostpflaster be-
komme ich eine kleine Rolle. Mehrmals sehe ich den
Film später, aber entdecken kann ich mich nicht.
Durch meinen Leichtsinn geht mir so eine gute
Chance verloren.

Eine andere Gelegenheit jedoch nutze ich: die, die
Einberufung zum Wehrdienst zu umgehen. Ein
Agent gibt mir den Tip, mich am Stadttheater Brieg
zu bewerben, was ich umgehend in die Tat umsetze.

So trete ich mein erstes Engagement 1940 im Stadttheater des kleinen schlesischen Ortes an, ohne die Schauspielschule beendet zu haben. Meine Prüfung als Schauspieler wird meine erste Rolle auf den Brettern des Brieger Stadttheaters.

Natürlich mit gewaltigem Herzklopfen! Immerhin ist die Schlesische Landesbühne Brieg ein Tourneetheater, und das Ensemble hat mit seinen Stücken bereits in der gesamten Umgebung gespielt.

In Brieg angekommen, habe ich den Kopf voller Träume. Die schönsten Rollen male ich mir aus, sehe mich als jugendlichen Liebhaber das schlesische Publikum im Sturm erobern. Die Realität ist eine andere.

Schließlich befinden wir uns im zweiten Kriegsjahr, und gefragt sind auf der Bühne Stücke, die die Blut-und-Boden-Mentalität der Nazis bedienen. Und so stelle ich in meiner ersten Rolle den jungen Adligen Leutnant von Holtzendorf in dem Stück »Katte« dar, geschrieben von dem in der Nazizeit oft gespielten Hermann Burte. Das Stück beschreibt die allseits bekannte Geschichte von der tragisch endenden Freundschaft des jungen preußischen Kronprinzen Friedrich mit seinem Spiel- und Jugendgefährten Katte.

Heimlich hatte ich ja mit der Rolle des jungen Kronprinzen geliebäugelt, mir jedoch nicht einen Moment eine Chance ausgerechnet, diese zu bekommen.

Doch das Pech des Hauptdarstellers soll mir zu meinem Glück verhelfen: Mein Kollege wird urplötzlich krank, noch dazu am Tage vor dem ersten Gastspiel mit dem eben neu in den Spielplan aufgenommenen Stück. Und so lese ich völlig verdutzt den mir hastig vom Inspizienten in die Hand gedrückten Zettel: »Übernahme Rolle Friedrich! Rolle lernen! Erster Auftritt morgen abend!«

Ich will diese einmalige Chance nutzen, lerne die ganze Nacht hindurch. Am nächsten Morgen wähle ich bewußt im Bus den Platz neben Ursula Braun, denn auch sie ist frischgebackene Schauspiel-Absolventin und lernt ebenfalls sehr ehrgeizig die ganze Fahrt über ihren Text. Die Rolle der »Wilhelmine« ist für sie die erste große Bewährungsprobe – nichts kann uns beide während der Fahrt von unserem Vorhaben ablenken, unsere Rollen perfekt zu beherrschen. Immerhin sollen wir wenig später das erste Gastspiel mit unserem Dialog eröffnen.

Doch das Lampenfieber, vielleicht auch die Anstrengungen der letzten Stunden, schnüren mir am Abend auf der Bühne die Kehle zu. Als der Vorhang sich hebt, verschlägt es mir mit einemmal die Sprache. In meinem Kopf klafft ein großes Vakuum. Alles mühsam Erlernte – weg!

Dabei habe ich nur wenige Worte zu sagen, der Eröffnungsdialog beschränkt sich auf den Austausch folgender Sätze:

Friedrich: »Wie steht es?«

Wilhelmine: »Schlecht!«

Friedrich: »Keine Hoffnung?«

Wilhelmine: »Keine!«

Das müße mir eigentlich einfallen, bringt doch dieser Dialog haargenau meinen Zustand in jenem Moment zum Ausdruck. Ich jedoch starre Wilhelmine an, versuche mich krampfhaft zu erinnern. Erst als es im Publikum bereits unruhig wird, fällt mir der erste Satz ein.

»Wie steht es?«

Ursula, die ihren Text besser behalten hat, entgegnet wie aus der Pistole geschossen: »Schlecht!«

Wieder entsteht eine lange, mir wie eine Ewigkeit vorkommende Pause, denn ich weiß abermals nicht weiter. Schließlich fällt mir das »Keine Hoffnung« doch noch ein. Als Ursula »Keine« erwidert, ist der Bann gebrochen.

Die Vorstellung wird trotz meiner anfänglichen Eskapaden ein voller Erfolg, doch ich bin überhaupt nicht überrascht, als der Regisseur sofort, nachdem der Vorhang gefallen ist, auf mich zukommt. Ich stelle mich auf ein Donnerwetter allererster Güte ein. Aber zu meiner großen Überraschung umarmt er mich herzlich und meint voller Begeisterung: »Großartig! Einfach großartig, Köfer! Dieses bange Schweigen am Beginn des Stückes! Großartig! Ich habe eine neue, größere Rolle für Sie.«

So wird ein ganz banaler und mir eigentlich sehr unangenehmer »Texthänger« der Auslöser meiner »Provinzkarriere«.

Übrigens gelingt es mir wenig später ein zweites Mal, eine prekäre Situation bei der Aufführung des »Katte« zu retten: Die älteren Kollegen unternehmen natürlich alles, um uns »Anfänger« zu verunsichern. Ein beliebtes Mittel dabei ist es, die Dialoge unvorbereitet zu verfälschen. Bei »Katte« bot sich dafür in der Schlußszene der hinter den Kulissen zu sprechende Satz »Katte, haben Sie noch einen letzten

Wunsch?« an, auf den mein tragischer Schlußsatz »Katte, lieber Katte« zu folgen hatte. Eines Tages ruft mein Kollege nun während einer Vorstellung urplötzlich statt des üblichen Satzes die Verballhornung »Katte, wollen Sie noch ein Glas Punsch?«

Mir gelingt es in dieser Situation natürlich nicht, meinen Abschlußsatz tragisch zu gestalten. Mühsam unterdrücke ich mein Lachen und presse den Satz stückweise hervor.

Nach der Vorstellung erwartet mich auch diesmal wieder eine große Überraschung. »Wie Sie das gemacht haben, Köfer, dieses dem Wahnsinn nahe Weinen, das ist großartig!«

Die versprochene »große Rolle« spiele ich wenig später: den 17jährigen Jacob Dorn im Max-Halbe-Stück »Der Strom«. Wahrhaft eine Traumrolle für einen jungen Schauspieler, obwohl das Stück später kaum noch gespielt wird.

Ich knie mich in diese Rolle geradezu hinein, will abermals erfolgreich sein. Da es an den kleinen Provinztheatern damals durchaus üblich ist, Stücke nicht länger als zwei bis drei Wochen im Spielplan zu halten, will ich natürlich jede Chance nutzen. Die Probenzeit ist wie immer sehr kurz – vormittags und nachmittags sind mehrere Proben angesetzt, am Abend geht es zur Vorstellung auf die Bühne. Eine harte Arbeit für einen Schauspiel-Anfänger, der am Monatsende gerade mal 180 Mark Gage erhält. Es bleibt mir kaum Zeit für Privates, obwohl es an Ablenkung für einen 19jährigen auch im Provinzstädtchen Brieg durchaus nicht mangelt.

Dennoch nutze ich meine freie Zeit auch dazu, Inszenierungen anzuschauen, in denen ich keine Rolle abbekommen habe.

Während einer solchen Vorstellung, gespielt wurde »Via Mala« mit Ursula Braun in einer der Hauptrollen, werde ich auf zwei vor mir sitzende junge Mädchen aufmerksam, die sich unentwegt nach mir umdrehen, kichern und tuscheln. Beide sind recht hübsch, wobei mir natürlich die Dunklere sofort ins Auge fällt. Nach der Premiere verliere ich die beiden aus den Augen, die Hübsche jedoch nicht aus dem Sinn. Tagelang werfe ich mir vor, sie nicht einfach angesprochen zu haben. Doch ich bin zu jener Zeit, was Frauen betrifft, zugegebenermaßen noch sehr schüchtern.

Schließlich finde ich mich damit ab: Du hast die Gelegenheit verpaßt, das Mädchen kennenzulernen.

Danach sitze ich in der kleinen Stammgaststätte der Brieger Schauspieler und nehme mein Mittagessen ein, als plötzlich der Wirt vor meinem Tisch steht. »Herr Köfer, Sie werden am Telefon verlangt!«

Ich glaube anfangs an eine Verwechslung, denn ich kenne in Brieg niemanden. Meine Eltern, die wenige Tage später zur Premiere von »Der Strom« anreisen wollen, können die Telefonnummer dieser Gaststätte nicht kennen.

Zögernd ergreife ich den Hörer, und das erste, was ich vernehme, ist das Kichern junger Mädchenstimmen.

Erst nach mehrmaligem, zuletzt schon verärgertem Fragen, wer denn da am Telefon sei und sich ganz offensichtlich einen Scherz mit mir erlaube, kommt zögernd eine Antwort: »Herr Köfer, entschuldigen

Sie bitte, ich bin diejenige, welche bei der Aufführung von ›Via Mala‹ zwei Reihen vor Ihnen gesessen hat. Ich wollte Ihnen nur sagen, daß meine Freundin Sie gern kennenlernen möchte!«

Mit klopfendem Herzen frage ich: »Welche von den beiden sind Sie denn?«

Leise kommt die Antwort: »Die Schwarzhaarige!«

Mein Herz macht einen Luftsprung: Das ist die Hübsche, die mir nicht mehr aus dem Sinn gehen will! Aber schlagartig wird mir das Prekäre der Situation bewußt – nicht sie will mich kennenlernen, sondern ihre Freundin. Sie spielt nur die Vermittlerin. Doch ich greife die Gelegenheit beim Schopf. Ich denke mir, vielleicht komme ich, sozusagen über den Umweg ihrer Freundin, letztendlich doch noch ans Ziel.

Geistesgegenwärtig antworte ich überaus freundlich: »Das geht in Ordnung mit einer Verabredung. Aber nur unter der Bedingung, daß Sie auch mitkommen!«

Zwei Tage später treffen wir uns im »Café am Marktplatz«. Die beiden stellen sich mir als Ellen und Edeltraud vor, wobei ich im geheimen die Schwarze sofort »Traudel« nenne. Wir suchen uns einen gemütlichen Platz, trinken Kaffee und plaudern munter drauflos. Bald weiß ich, daß die Mädchen gerade mal 15 Jahre alt sind! Deshalb also diese fast noch kindliche Kicherei! Ich stehe mit meinen 19 Jahren natürlich über diesen Kindereien! Ich genieße es, mit der bildhübschen Traudel an einem Tisch zu sitzen.

Doch mitten in der überaus angenehmen Plauderstunde glaube ich meinen Augen nicht zu trauen: Quer über den Marktplatz laufen meine Eltern, kommen geradewegs auf das Café zu! Ich habe völlig vergessen, daß sie heute anreisen, um die kurz darauf stattfindende Premiere von »Der Strom«, in der ihr Sohn seine erste große Rolle spielt, anzusehen!

Meine Eltern bemerken mich natürlich sofort, als sie das Café betreten. Doch diplomatisch grienen sie mir nur zu und steuern einen etwas abgelegenen Tisch an. Selbstverständlich kann ich nicht so tun, als hätte ich sie nicht bemerkt, ich entschuldige mich also bei Ellen und Traudel und begrüße meine Eltern. Bei dieser Gelegenheit flüstere ich ihnen zu: »Welche von beiden gefällt euch denn besser?«

Übereinstimmend meinen meine Eltern: »Die Schwarze!«

»Das ist ja gerade das Problem«, erkläre ich ihnen, »die will mich nicht, das ist nur die Freundin . . .«

»Na, dann lade sie doch morgen zum Essen mit uns ein«, meint Vater.

Als Ellen zur Toilette geht, nutze ich die Gelegenheit. Ich frage Traudel, ob sie Lust hat, mit mir und meinen Eltern Essen zu gehen. Traudel, keineswegs überrascht, sagt sofort zu!

Ich habe es geschafft! Von nun an bin ich nahezu täglich mit »meiner Traudel« zusammen. Bald darauf wird sie 16, und unsere gemeinsamen Abende werden immer länger . . .

Doch auch das Theater fordert sein Recht. Immerhin, ich bin Schauspieler, und der hat sich für die Kunst aufzuopfern! Nach der Premiere des »Strom« wird das Lustspiel »Eine kleine weiße Jacht« inszeniert, in dem ich endlich den jugendlichen Liebhaber spielen darf . . . Ja, vielleicht ist es so, daß ich einen

Tag vor der Hauptprobe, an jenem späten Abend, als ich meine Traudel in die Arme schließe, ein wenig von den in der Theaterwirklichkeit erprobten Verführungskünsten in die Wirklichkeit hinüberrette ...

In jener Nacht gelingt es mir jedenfalls, Traudel von meiner Liebe restlos zu überzeugen. Als ich noch etwas trunken und verzückt von dem schweren Abschied an der Haustür in der Milchstraße zu später Stunde wieder in mein Quartier komme, empfängt mich empört meine Wirtin, Köchin im angesehensten Hotel der Stadt und somit mit Hinz und Kunz in Brieg bekannt. Sie hält es für angebracht, Traudels Mutter umgehend mitzuteilen, daß »der Schauspieler Köfer Ihre minderjährige Tochter Traudel mit aufs Zimmer nimmt!«

»Noch an diesem Morgen gehe ich zu der Mutter ihrer Freundin und werde ihr mitteilen, was hier passiert ist«, schreit sie mir in den höchsten Tönen entgegen.

Sie kann mich nicht einschüchtern. Glücklich, nein, selig, gehe ich ins Bett und schlafe ein. In den Kissen umfängt mich der Duft meiner Geliebten, bis mich unsanft eine Stimme weckt: »Köfer! Sind Sie wahnsinnig geworden! Es ist elf Uhr! Vor einer Stunde hat die Hauptprobe begonnen!« Der Chefmaskenbildner des Theaters steht wutschnaubend vor meinem Bett. Ich springe in die Kleider, rase ins Theater und stehe zerknirscht dem Intendanten Lehnau, dem Regisseur des Stückes, gegenüber. Er brüllt mich vor dem versammelten Ensemble an: »Junger Mann, was bilden Sie sich eigentlich ein?

Theater heißt Pünktlichkeit! Ich werde dafür sorgen, daß Sie zum Militär kommen, damit Sie Pünktlichkeit lernen!«

Habe ich bis dahin alle Beschimpfungen noch über mich ergehen lassen, trifft mich dieser letzte Satz mitten ins Herz. Ich weiß nur zu gut, daß viele meiner Altersgenossen schon lange einberufen sind und es auch bei mir nur eine Frage der Zeit sein kann.

Die Probe verläuft katastrophal und hätte einem Trauerstück zur Ehre gereicht. Unentwegt attackiert mich Lehnau: »Finden Sie das wirklich komisch, Köfer, was Sie da auf der Bühne anstellen? Das ist ja schrecklich, was Sie da machen!«

Mir ist während der Probe zu diesem Lustspiel nicht einen Moment lustig zumute.

Bevor ich zu Traudels Mutter zitiert werde, melde ich mich am Nachmittag selbst bei ihr an. Traudels Mutter ist Inhaberin des Porzellan- und Glasgeschäftes »Böhm« in der Milchstraße. Das Geschäft liegt in der Nähe des Theaters. So wie Traudels Mutter feines Glas und Porzellan liebt, will sie sich im Leben nur mit dem Feinsten umgeben. Zum Glück bin ich durch meine erfolgreiche Rolle im »Strom« zum »Hans Albers von Brieg« geworden und habe somit ganz gute Karten.

Ihre Reaktion ist eindeutig. »Sie wissen doch hoffentlich, was das bedeutet, Herr Köfer?«

»Ja, das freut mich«, entgegne ich, »denn das hatte ich ohnehin vor.« Ich bin mir mit meiner Traudel ohnehin schon einig: Wir wollen noch ihren 17. Geburtstag abwarten, um uns zu verloben!

Diese Angelegenheit ist erst einmal geordnet, an der verpatzten Hauptprobe habe ich länger zu knabbern.

4. Als Funker an der Front

Die Drohung mit der Einberufung geht mir nicht mehr aus dem Kopf! Während meines Engagements in Brieg habe ich bisher bereits drei Einberufungen zum Reichsarbeitsdienst erhalten, die bisher jedoch immer von einem theater- und kunstinteressierten Major vom zuständigen Wehrbezirk rückgängig gemacht wurden. 1941 jedoch läuft mein Vertrag in Brieg aus, und bevor ich mich entscheide, ihn zu verlängern, will ich mir die anderen Angebote in Ruhe durch den Kopf gehen lassen. Ich verlängere also den Vertrag nicht sofort, bitte um Bedenkzeit und genehmige mir einige Tage Urlaub. Ich fahre nach Berlin zu meinen Eltern. Dort trifft es mich dann mit voller Wucht: Auf mich wartet die Einberufung zur Wehrmacht. Es ist Juni 1941, wenige Tage später wird Deutschland die Sowjetunion überfallen.

Ich werde nach Potsdam einberufen und nach der Musterung als Funker zur Infanterie eingeteilt. Zu jenem Zeitpunkt weiß ich natürlich noch nicht, daß dies einer der unangenehmsten Dienste im Heer ist. Der Funker muß ein über zwanzig Kilogramm schweres Gerät ständig mit sich herumschleppen, immer in vorderster Reihe bei der Truppe marschieren und ist obendrein vom Gegner über Peilung sehr schnell auszumachen. Die Chance, eine Kugel abzubekommen, ist sehr hoch.

Doch all das soll ich erst viel später erfahren. In den Tagen meiner Ausbildung in Potsdam bin ich noch völlig blauäugig und naiv. Mir reicht es ohnehin, als Schauspieler immerzu dem Spott der Ausbilder ausgesetzt zu sein. Jedesmal, wenn es den Militärs einfällt, eine Situation »durchzuspielen«, heißt es: »Der Schauspieler, vortreten! Sie spielen jetzt einen Toten! Haha!«

Die Ausbildung geht blitzschnell vonstatten, wir sollen schnellstmöglich an die Ostfront. So finde ich mich schon wenig später mit meinen Kameraden in einem schmutzigen, engen und miefigen Güterwagen wieder, der uns in Richtung Osten transportiert.

Ja, es ist kaum zu glauben, ich freue mich darüber, auf dem Weg an die Front zu sein! Begeistert stimme ich in die Lieder meiner Kameraden ein; froh, dem Drill der Ausbilder zu entkommen, endlich »etwas zu erleben«.

Mein Ziel heißt Smolensk, ein Name, den ich bis dahin noch nie in meinem Leben gehört habe. Doch ich stelle mir nicht die Frage, was ich da zu suchen habe. Ich habe ganz andere Probleme: Während der überaus kurzen und mangelhaften Ausbildung bin ich kaum als Funker tätig gewesen und daher jetzt kaum fähig, zusammenhängende Sätze im Morsealphabet von mir zu geben, geschweige denn zu entziffern. Was ich behalte, sind gerade mal die Zeichen für Datum, Uhrzeit und Hilferufe. Doch das interessiert niemanden, ich habe das Prädikat »Funker« und werde als solcher behandelt.

Als ich schließlich beim Regimentsstab in Smolensk ankomme, muß ich mit einem Unteroffizier einen engen Bunker hinter der Front beziehen. So habe ich mir den heldenhaften Krieg eigentlich nicht vorgestellt . . .

Wie erwartet, fallen dann auch meine ersten Funksprüche katastrophal aus. Ankommende Nachrichten versuche ich, so gut ich kann, zu entschlüsseln und ergänze die fehlenden Stellen schließlich mit viel Phantasie.

Dem Unteroffizier entgeht das natürlich auf die Dauer nicht. Doch er kennt die Zustände und Schwierigkeiten bei der Ausbildung und hilft mir ohne viel Worte.

Bereits kurz nach meiner Ankunft habe ich zum ersten Mal »Feindberührung«. Der Unteroffizier hat mich zum Wasserholen an eine nicht weit von unserem Unterstand entfernte Quelle geschickt, als ich das nahende Geräusch eines russischen Tieffliegers höre. Rasch renne ich zum einzigen noch lebenden Baum in der bereits vom Kampf zerfurchten Landschaft und suche Schutz. Ich laufe bestimmt mehr als zwanzigmal in panischer Furcht um diesen Baum, bevor ich merke, daß der Flieger längst abgedreht ist. Als alles vorbei ist, wird mir klar, daß ich gar nicht gemeint war, sondern ein in der Nähe befindlicher Bunker Ziel des Angriffs gewesen ist.

Ich bekomme eine Ahnung davon, was das ist: Krieg. Ich sehe die ersten Toten, frage mich ängstlich, was das alles eigentlich soll. Und immer geringer wird die Hoffnung, jemals wieder lebend nach Hause zu kommen.

Eines Abends klettere ich aus dem Bunker und betrachte am klaren Sternenhimmel den »Großen Wagen«. An einem romantischen Abend hatte ich mit Traudel angesichts dieses Sternbildes ausgemacht, daß wir beide bei einer Trennung diese Sterne ansehen. Dann wüßten wir, daß der andere gerade an einen denkt.

Später sehe ich ein paar Meter von mir entfernt einen jungen Leutnant aus dem Regimentsstab stehen. Er spricht mich an, denn er hat meinen Papieren entnommen, daß ich Schauspieler bin. Auch er ist Schauspieler und hatte den Friedrich in »Katte« gespielt.

Und so kommt es, daß zwei junge deutsche Schauspieler in Wehrmachtsuniform auf russischer Erde stehend in einer sternenklaren Nacht aus »Katte« zitieren.

Ein paar Tage später kommt der junge Leutnant bei einem Fronteinsatz ums Leben.

Bis zu jenem Tag hatte ich die Schrecken des Krieges kaum kennengelernt. Als ich ankam, lag die Front still, über allem herrschte eine gespenstische Ruhe. Es war die Zeit vor der Offensive am Mittelabschnitt der Front.

Die Ruhe ist gefährlich, sie täuscht. Eines Tages werde ich in meinem Erdbunker wach, und als ich mir den letzten Schlaf aus den Augen gerieben habe, stelle ich fest, daß ich allein im Bunker bin. Verwundert klettere ich ins Freie. Kaum stecke ich meinen Kopf ins Freie, brüllt mich mein Leutnant entgeistert an: »Mensch, Köfer, bist du verrückt geworden? Wo kommst du denn jetzt her?«

»Was ist denn los«, entgegnete ich verwundert, reibe mir noch einmal die Augen, weil ich nicht glauben kann, was ich sehe. Die gesamte Kompanie läuft wie eine Horde aufgescheuchter Ameisen wild durcheinander, die Vorgesetzten schreien die Soldaten an und fuchteln mit den Händen aufgeregt in der Luft herum.

»Mensch, hier sind eben drei russische Panzer durchgebrochen. Und der Köfer schläft!« Ich habe eben meinen ersten Fronteinsatz verschlafen!

Kurz darauf bekomme ich den Auftrag, einen Akku für mein Funkgerät vom Nachbarbataillon zu holen. Ich bin sauer, daß ich dieses schwere Gerät – ein Akku wiegt zirka 20 Kilogramm – nun fünf bis sechs Kilometer schleppen soll. Doch was soll's – Befehl ist Befehl!

Ich ziehe also los. Nach fast zwei Stunden bin ich noch immer nicht angekommen, kann nirgends auch nur eine Spur des Bataillons entdecken. Irgendwie werde ich das Gefühl nicht los, daß ich im Kreis laufe.

Plötzlich höre ich das mir bis dahin unbekannte russische Wort »Stoi«!

Ein Angstschauer läuft mir eiskalt den Rücken hinunter, als ich mir meiner Lage bewußt werde: Ich bin zwischen die Fronten geraten.

Doch ich habe Glück im Unglück: Der russische Soldat hat mich in einem kleinen Wäldchen entdeckt, in dem es etwas Deckung durch die zarten russischen Birken gibt. Und so ergreife ich, Haken schlagend, die Flucht, während hinter mir die Schüsse peitschen.

Ich laufe um mein Leben. Doch es ist wie verhext: Als ich mich der deutschen Front nähere, werde ich auch dort mit Schüssen empfangen. Die Deutschen halten mich offenbar für einen Vorboten der Russen. Zum Glück jedoch kann ich sehr laut schreien. Das rettet mir mein Leben.

Selbstverständlich gibt es Ärger, denn ich habe ja den wichtigen Akku nicht besorgen können. Doch ein Gutes bewirkt die ganze Angelegenheit schließlich: Ich werde nicht noch einmal zu einer Besorgung weggeschickt. Den Vorgesetzten ist nun klar, daß ich über keinerlei Orientierungsvermögen verfüge.

Unter diesem Mangel haben in meinem späteren Leben alle zu leiden, Familie und Kollegen. Der Kabarettist Gustav Müller sagt später einmal, nachdem wir viele Tourneen miteinander bestritten hatten: »Wenn ich nicht im Auto neben dir gesessen hätte, würdest du heute noch auf Tournee sein.«

Meine Vorgesetzten an der Front jedenfalls ziehen daraus ihre Konsequenzen und geben mir keine derartigen Befehle mehr!

Die Lage an der Front wird in den nächsten Tagen zunehmend ernster. Die Offensive auf Moskau beginnt. Tote Soldaten liegen mit wächsernen Gesichtern am Wegesrand, der süßliche Geruch verwesender Leichen hängt in der Luft und läßt den Tod allgegenwärtig sein. Es fällt nicht nur mir schwer, den Krieg heroisch zu nehmen.

Der Kommandeur unseres Regiments, ein General, ist erpicht auf das Ritterkreuz und fährt bei allen Angriffe stets mutig ein paar Meter vor uns her. Das allerdings ist keine große Kunst, denn zu jener Zeit ziehen die Russen sich noch zurück, um in sicheren Stellungen den für die Deutschen tödlichen russischen Winter abzuwarten.

In diesen Wochen ist die Verpflegung der deutschen Truppen noch gewährleistet. Es gibt reichlich Zigaretten und Schokolade. Da ich ein »Süßmaul« bin, tausche ich all meine Zigaretten gegen Schokolade und sammle fleißig alle Glimmstengel, die ich auftreiben kann.

Und so habe ich die Taschen voller Zigaretten, als wir schließlich weit hinter Smolensk auf einer kleinen Anhöhe Stellung beziehen und auf neue Befehle warten.

Plötzlich ertönt ein höllisches Geräusch! Die Russen haben ihre »Stalin-Orgel« in Stellung gebracht und feuern nun aus allen Rohren auf uns los. Der ein bis zwei Stunden andauernde Beschuß wird zur schlimmsten Zeit meines Lebens: Links und rechts von mir schlagen die Minen mit ohrenbetäubendem Krachen ein, ich höre die verzweifelten Schreie der getroffenen Soldaten, das Stöhnen sterbender Kameraden. Ich bibbere am ganzen Körper, habe eine fürchterliche Angst. Mit zitternden Händen fingere ich eine Zigarette aus meiner Tasche und stecke sie mir an. Ich bilde mir ein, daß mich das etwas beruhigt.

Als der Beschuß so plötzlich endet, wie er begann, habe ich den ganzen Zigarettenvorrat, der sich in meiner Tasche befand, aufgeraucht – 30 Stück oder mehr!

Mit schlotternden Knien ziehen wir paar Überlebende uns von der Anhöhe zurück.

Mein Funkgerät wurde während des Angriffs total zerstört, und ich laufe völlig verängstigt, die Einzelteile suchend, über das verwüstete Schlachtfeld, steige über Tote und Verletzte. Mein Befehl lautet: »Wenn das Gerät zerstört ist, müssen die Trümmer geborgen werden!« Beim Stab melde ich mich schließlich mit den wenigen Teilen, die ich finden konnte, und melde, daß wir ein neues Funkgerät benötigen.

Der General baut sich vor mir auf und brüllt mich an: »Köfer, weshalb leben Sie, und das Funkgerät ist kaputt? Wissen Sie denn nicht, wie wertvoll solch ein Gerät ist?«

Einen wirkungsvolleren Beweis, daß mein Leben für ihn wertlos ist, hätte er mir nicht liefern können.

Ich lerne noch schlimmere Landsleute kennen. Bald schäme ich mich, Deutscher zu sein.

Der Regimentsstab zieht sich schließlich in ein Dorf zurück, das noch weitgehend von den Kriegswirren verschont geblieben ist. Doch es scheint, als sei kein Leben mehr in den unscheinbaren, armseligen Katen. Ich fasse schließlich den Mut, in ein Bauernhaus zu gehen und nach etwas Milch zu fragen. Ich finde nur einen alten Mann vor, der ängstlich in der Ecke sitzt. Er sieht mich mit unendlich traurigen Augen an und fragt in gebrochenem Deutsch: »Weshalb Sie hier?«

Mir ist, als säße mir ein dicker Kloß im Hals. Erst nach einigen Minuten bringe ich eine Antwort heraus: »Das ist ein Befehl!«

Den verzweifelten alten Mann betrachtend, füge ich hinzu: »Doch Befehle sind selten gut.« Er steht auf und läuft in den Nachbarraum. Ich höre ihn wirtschaften. Als er schließlich wieder zu mir kommt, hält er drei Bücher in der Hand. Wortlos legt er sie auf den Tisch. Es sind deutschsprachige Ausgaben von Schiller und Goethe. Schweigend betrachte ich die Bücher.

»DAS ist Ihr Land! Aber nicht das, was Sie hier tun«, sagt er.

Beschämt verlasse ich die Kate.

Minuten später stürmt eine Horde Soldaten auf den Hof und schlachtet das gesamte Vieh des alten Mannes ab.

Ich stehe da und schaue bedrückt zu. Den Mut einzugreifen habe ich nicht.

Ich beginne nachzudenken. Die Warnung meines Vaters fällt mir wieder ein: »Junge, geh diesen Leuten nicht auf den Leim!« Und nun? Tag für Tag marschieren wir weiter in das Land hinein. Diese ungeheure Weite macht angst. Und dann ist da dieses furchtbare Gefühl, daß ich nie wieder aus diesem Land herauskomme. Ich erwäge zu desertieren, doch ein Blick auf die Landkarte führt mir die Sinnlosigkeit dieser Idee vor Augen. Nie würde ich es bis Deutschland schaffen. Und wenn, was würde mich erwarten? Der sichere Tod!

Wir sind kurz vor Moskau, und der Winter naht. Von Tag zu Tag wird es kälter, wir schlafen in feuchten Uniformen auf nicht minder feuchtem Stroh, oft schlagen wir unsere Zelte auf nassen Feldern oder Wiesen auf. Was ein Mensch aushalten kann, denke ich oft bei mir und hoffe, welch Ironie, auf eine schwere Lungenentzündung. Denn das wäre eine Chance, in die Heimat zu gelangen, sozusagen auf legalem Wege. Die einzige Gefahr dabei ist, die

Krankheit nicht zu überstehen. Den Tod im Bett eines Lazaretts allerdings würde ich dem auf dem Schlachtfeld vorziehen.

Doch ich bin ein junger Mann, kerngesund. Nichts dergleichen passiert.

Ein Zufall kommt mir zu Hilfe. Ich begleite wie üblich unseren General, der wie immer in seinem Kübelwagen einige Meter vor der kämpfenden Truppe fährt. Selbstverständlich darf ich als Funker nicht neben dem General im Wagen sitzen – ich fahre mit dem Fahrrad, das über 20 Kilogramm schwere Funkgerät auf dem Rücken, neben dem Kübel her. Schließlich muß ich auch das Fahrrad liegenlassen, da mir ein Heckenschütze die Speichen der Räder zerschossen hat. Also laufe ich kilometerweit neben dem General her.

Plötzlich erblicke ich am Straßenrand ein Pferd mit Wagen, aber ohne den dazugehörigen Kutscher, der offensichtlich das Weite gesucht hat. »Das hat dir der Himmel geschickt«, denke ich bei mir und übernehme augenblicklich die Rolle des Kutschers. So folge ich nun etwas komfortabler dem General, der inzwischen wegen der besseren Übersicht einen kleinen Hügel ansteuert. »Dieser Idiot«, murmle ich in mich hinein, »stellt sich aus lauter Ordensgeilheit lieber auf dem einzigen Hügel weit und breit zur Schau, als im sicheren Wald Deckung zu suchen!«

Doch nichts hilft, und so stehe ich trotz mangelnder Lust am Heldentot neben dem General auf dem Hügel und funke die befohlenen Sprüche. Die Russen sehen uns eine Weile zu und eröffnen schließlich das Feuer auf dieses prachtvolle Ziel. Ich kann gar nicht so schnell mein Funkgerät verstauen, wie der General in seinen Kübel springt und den Hügel hinabprescht.

Da stehe ich nun allein mit Funkgerät, Pferd und Wagen inmitten eines infernalischen Granatfeuers. So schnell ich kann, verstaue ich alles, um dem General hinterherzueilen. Links und rechts meines Weges schlagen Granaten ein, das Pferd gerät in Panik. Es bäumt sich auf und schlägt mit den Hinterhufen aus. Ich stehe in jenem Moment mit gespreizten Beinen auf dem Kutschbock, versuche, das außer Rand und Band geratene Tier zu zügeln. Da trifft das Pferd mit dem Hinterhuf genau an jene Stelle, die bekanntlich beim Mann große Freude, aber auch sehr große Schmerzen bereiten kann.

Ich komme in einer Kirche wieder zu mir, die in einen Verbandsplatz für die Verletzten des Angriffs umfunktioniert worden ist. Vor mir steht ein Offizier, der mitleidig schmunzelnd die »dicke Stelle« betrachtet. Er kritzelt etwas auf ein Formular und hängt es mir um den Hals. »Verwundet, aber transportfähig«, lese ich und werde in Richtung Etappe geschickt. Die Verbandsplätze werden für die Schwerverwundeten gebraucht.

So gelange ich von Smolensk über Warschau bis nach Düsseldorf. Dort angekommen, ist der vom Pferd angerichtete Schaden längst behoben – und eigentlich kein Lazarettaufenthalt im Kloster Knechtstedten mehr nötig. Doch ich habe selbstverständlich keine Lust, noch einmal an die verhaßte Front zu marschieren. Ich beschließe, mir eine Krankheit zuzulegen, die einen längeren Genesungsurlaub in dieser schönen Gegend notwendig machen wird. Magen-krämpfe, ein Magengeschwür und schließlich zahlrei-che glanzvolle Vorstellungen als kabarettistischer Al-leinunterhalter vor Ärzten, Ordensschwestern und Patienten verschaffen mir einige Monate Ruhe. Mit immer neuen Programmen verdiene ich mir letztend-lich das Prädikat »nicht kriegsverwendungsfähig«.

5. Durchzechte Nächte

Nach meiner Entlassung aus dem Lazarett bekomme ich Heimaturlaub und besuche nach langer Zeit meine Eltern, die überglücklich sind, ihren Sohn lebend in die Arme schließen zu können. Sie sind vor den zunehmenden Bombenangriffen der Alliierten aus Berlin geflohen und wohnen nun in einem kleinen Haus in Dreilinden. Vater fühlt sich jedoch auch dort nicht sicher; zu nahe, meint er, sei die Reichshauptstadt. Deshalb hat er gemeinsam mit Nachbarn einen Bunker gebaut, in dem die Familien bei Bombenalarm Zuflucht suchen können. Kaum bin ich zu Hause angekommen, wir haben erst wenige Worte gewechselt, bemerken wir die Unruhe unseres kleinen Terriers Bobby. Er läuft aufgeregt bellend durch das Haus, und als ihn Vater ins Freie läßt, rennt er schnurstracks zum Bunker und kratzt aufgeregt an der Tür. »Vielleicht hat Bobby recht und spürt eine nahende Gefahr, Tiere haben einen besseren Instinkt«, meint Vater und fordert uns auf, in den Bunker zu gehen. Gerade haben wir die schwere Stahltür hinter uns geschlossen, krachen schon die ersten Bomben.

Angsterfüllt hören wir das Zischen der abgeworfenen Bomben und das fürchterliche Geräusch der Einschläge. »Das Haus ist weg«, flüstere ich immer wieder, »das Haus ist weg.«

Das Ganze dauert nur wenige Minuten, die uns allerdings wie Stunden vorkommen. Lange, nachdem es endlich still geworden ist, wagen wir uns aus unserem Unterschlupf. Was wir sehen, ist Staub, überall häßlicher, dicker, grauer Staub. Doch als er sich endlich etwas verzieht, erkennen wir schemenhaft die Umrisse unseres Hauses. Es steht! Nur die Fenster haben allesamt die Druckwellen der Explosionen nicht ausgehalten und müssen erneuert werden. Wie wir wenig später sehen, sind auch die Häuser auf den Nachbargrundstücken kaum beschädigt. Wie durch ein Wunder waren die Bomben nur auf die Grundstücke gefallen, hatten riesige Krater zwischen Bäume und Beete gerissen.

Nach dem erlebnisreichen Heimaturlaub muß ich mich bei meinem »Ersatzregiment« in Metz/Frankreich melden. Auch dort werde ich schließlich bei der Musterung als »nicht kriegsverwendungsfähig« eingestuft und den »Landesschützen« zugewiesen, die sich meist aus älteren Männern zusammensetzen.

Eines Tages läßt der Stabsfeldwebel die Truppe antreten, weil Telefonisten gesucht werden. Ich melde mich und gerate so in das schlesische Städtchen Glogau.

Dort angekommen, stellt sich heraus, daß der Stabsfeldwebel gern in seiner Freizeit musiziert und für sein Quartett einen Geiger benötigt. Hier holt mich also meine geliebte Musik wieder ein.

Als Telefonist bin ich auch für die Ausstellung der Urlaubsscheine zuständig. Da sich in der Nähe ein Dorf namens Brieg befindet, nutze ich die Gelegenheit und stelle meine eigenen Urlaubsscheine nach »Brieg« aus. Ich fahre jedoch in das bereits erwähnte, weiter entfernte Brieg, wo meine Traudel auf mich wartet.

Selbst nach Berlin zu fahren gelingt mir: Mein Vater verkauft und repariert in seinem kleinen Schreibwarengeschäft in der Schönhauser Allee die seltenen und heiß begehrten Füllfederhalter. Nach und nach beschaffe ich allen Offizieren neue bzw. reparierte Füllfederhalter . . .

So kann ich in jener Zeit ganz in Ruhe und mit meiner Familie die Verlobung mit Traudel in Berlin feiern.

In Glogau bin ich schichtweise als Wachposten für die internierten Franzosen eingesetzt, die in verschiedenen Betrieben der Stadt arbeiten und am Abend in ihre Unterkünfte zurückkehren müssen. Ich bin dafür zuständig, morgens die Tür der Baracke aufzuschließen und am Abend die Franzosen wieder einzuschließen. Ich selbst schlafe in einer kleinen Wachstube in der Baracke.

Die Franzosen sitzen meist noch stundenlang beisammen. Schnell bekomme ich einen guten Kontakt zu ihnen, setzte mich oft unerlaubterweise dazu und lerne so etwas Französisch.

Meist macht zu vorgerückter Stunde eine gute Flasche französischen Cognacs die Runde, und immer wieder wundere ich mich, woher diese Köstlichkeit stammt. In Deutschland ist zu jener Zeit Alkohol bereits streng rationiert. Doch meine französischen Frende lächeln nur. Eines Tages aber fragen sie mich, ob ich nicht auch mal eine solche Flasche haben wolle. »Für Eltern, zu Hause, große Freude«, meint Pierre.

»Klar, immer«, antworte ich mit glänzenden Augen.

Und so ziehen wir am Abend mit großen Rucksäcken und Taschenlampen los. Ich lasse meine Freunde aus ihren Unterkünften, ein anderer vertrauter Wachsoldat hatte das Vorratslager nur zum Schein abgeschlossen. Es handelt sich um ein Lager der Waffen-SS, in dem Unmengen Beutegut aus den überfallenen und ausgeraubten Ländern Europas lagern. Meine französischen Freunde müssen tagsüber in diesem Lager arbeiten und kennen sich daher hervorragend aus. Wir packen Unmengen des guten Cognacs in unsere Rucksäcke und ziehen im Schutz der Dunkelheit wieder ab. Stolz präsentiere ich Vater später in Berlin meine Schätze. Erst nach dem Krieg, als wir das Ausmaß der Brutalität der Waffen-SS erfahren, wird mir bewußt, in welche Gefahr wir uns da begeben hatten. Wären wir erwischt worden, hätte das mit Sicherheit keiner überlebt. Und ich transportiere seelenruhig Rucksäcke voller Beutegut mit der Reichsbahn nach Berlin, obwohl es auf der Strecke Kontrollen ohne Ende gibt!

Die Franzosen stellen für mich zu keiner Zeit Feinde dar. Ich pflege den Umgang mit ihnen wie mit guten Freunden. Selbstverständlich achte ich darauf, daß die Vorgesetzten nicht zuviel von unserem guten Verhältnis mitbekommen, doch mitunter vergesse ich jede Vorsicht. Als mich meine Freunde zum Beispiel fragen, ob sie in meiner Unterkunft die Nachrichten in ihrer Landessprache im Radio hören dürfen, sage ich ihnen zu. Ja, ich beziehe sogar Posten vor meiner eigenen Unterkunft und passe auf, daß sie nicht gestört werden.

Auf diese Weise erfahre ich auch sehr schnell vom Stauffenberg-Attentat auf Hitler. An jenem Tag stürmt einer der Franzosen freudestrahlend zu mir, umarmt mich und verkündet lautstark: »Hitler ist tot! Es gab ein Attentat! Der Krieg ist bald aus! Herbert, komm, wir feiern das!«

Ich vergesse jede Vorsicht und stürme zu den Gefangenen in die Baracke, lasse mir die Nachrichten Wort für Wort übersetzen. Wir »köpfen« eine Flasche Cognac und feiern den Tod des verhaßten »Führers«. Wir glauben, der Krieg ist endlich vorbei, jeder von uns kann nach Hause fahren. Doch eine Stunde später erreicht uns die ernüchternde Nachricht, daß das Attentat mißlungen ist, Hitler wie durch ein Wunder mit dem Leben davongekommen ist. Nun müssen wir den abscheulichen Krieg weiter ertragen. Ein paar Tage später erfahren wir von der Hinrichtung der patriotischen Offiziere um Graf Stauffenberg. Ich bin erschüttert. Dabei wird mir bewußt, daß ich mich selbst in höchste Lebensgefahr gebracht habe.

Auch privat hat sich in letzter Zeit bei mir nichts Gutes entwickelt. Traudel schickt mir ihren Verlobungsring zurück und kommt dann auf mein Bitten nach Glogau. Sie hat einen anderen Mann kennengelernt und liebt ihn. All meine Bemühungen, sie wiederzugewinnen, sind vergeblich.

Mein Leben gerät aus den Fugen. Jeden Tag betrinke ich mich und versuche, meinen Schmerz mit anderen Mädchen zu betäuben. Nach einer durchzechten Nacht bin ich derart alkoholisiert, daß ich den Heimweg nicht mehr schaffe und mich in den weichen Schnee fallen lasse. Als ich am nächsten Tag allmählich wieder zu mir komme, fühle ich mich sehr mies. Meine Kameraden, die mich gefunden und ins Bett geschleppt haben, bringen mich unverzüglich zum Arzt. Der stellt eine doppelseitige Lungenentzündung fest – nun habe ich das, was ich mir in Rußland so sehnsüchtig gewünscht hatte. Doch jetzt bin ich gar nicht so begeistert. Mir geht es sehr schlecht, einige Tage kämpfe ich im Lazarett tatsächlich mit dem Tod, wie mir später der Arzt erzählt.

Meine Eltern haben Traudel verständigt, und sie kommt noch einmal drei Tage nach Glogau. Ich mache mir neue Hoffnungen.

Doch als sie wieder zu Hause ist, beendet sie mit einem Brief endgültig unsere Beziehung. Trotz allem macht meine Genesung Fortschritte.

6. »Und ich lebe noch!«

Wenige Tage vor meiner Entlassung aus dem Lazarett taucht plötzlich ein Mann auf, der sich als Intendant des Fronttheaters vorstellt, welches zur Zeit in Glogau gastiert. In acht Tagen soll dort Premiere von »Kabale und Liebe« sein – und wie es der Zufall will, wird kurz vor der Premiere der junge Schauspieler, der den Sekretär Wurm spielen soll, an die Front einberufen. Händeringend sucht Intendant Weckler nach Ersatz. Glogau ist klein, und schnell ist ihm zu Ohren gekommen, daß da im Lazarett ein junger Mann namens Köfer liegt, der von Beruf Schauspieler ist und wohl in ein paar Tagen genesen sein wird.

So steht Weckler nun vor meinem Krankenbett und fragt mich geradeheraus, ob ich die Rolle übernehmen wolle. »Haben Sie den Wurm schon einmal gespielt?« will er von mir wissen. »Trauen sie sich zu, den Text innerhalb von acht Tagen zu lernen und die Rolle zu übernehmen?« Begeistert sage ich zu, gebe jedoch zu bedenken, daß ich als Soldat der Befehlsgewalt der Wehrmacht unterliege und somit erst meinen Vorgesetzten um Erlaubnis bitten muß.

Also begebe ich mich sofort am nächsten Tag zu unserem Kompaniechef Hauptmann Schober, einem würdigen älteren Herr, der keinerlei Ahnung vom Theater hat. Ich habe jedoch schon lange bemerkt, daß Hauptmann Schober seinen Posten bei der Wehrmacht ebenfalls mit sichtlichem Widerwillen ausübt, deshalb verspreche ich mir von ihm einiges Verständnis für mein Anliegen.

Schober lehnt sich erwartungsgemäß mit nachdenklicher Miene hinter seinem schmucklosen Schreibtisch zurück, zieht einen Moment seine Stirn in Falten, steht auf und meint schließlich: »Gut, Köfer, ich erteile Ihnen die Erlaubnis. Sie können spielen!«

Freudestrahlend danke ich ihm und bitte darum, gehen zu dürfen. Als ich die Türklinke schon in der Hand halte, ruft mir Schober noch schnell hinterher: »Aber selbstverständlich nicht in Uniform!«

Ich kann mich eines Lächelns ob dieser Forderung nicht erwehren: Sekretär Wurm in Wehrmachtsuniform!

Die Aufführung wird erfolgreich, und so komme ich sogar während meiner Dienstzeit für »Führer, Volk und Vaterland« dazu, auf den Brettern zu stehen, die die Welt bedeuten.

Anfang 1945 steht der Geburtstag des serbischen Kommandoführers Miloje Milic bevor. Miloje, mit dem ich mich ebenfalls etwas angefreundet habe, lädt mich und meinen Kameraden, Unteroffizier Kluge, sowie einige Franzosen in das Internierungslager der Serben zu einer gemütlichen Kaffeerunde ein. Das ist zwar streng verboten, doch wir wollen unseren Freunden den Spaß nicht verderben. »Es wird schon nichts schiefgehen, wir passen auf«, rede ich Kluge zu.

Am Abend des Geburtstags schmuggele ich die

Franzosen in die serbischen Unterkünfte ein, indem ich beim Pförtner behaupte, ich müsse mit ihnen den Serben eine Belehrung durchführen.

Als wir in Milojes Baracke erscheinen, ist das Hallo groß. Der Tisch ist für uns gedeckt, der Kaffee duftet verlockend. Die Serben werden ebenso wie die Franzosen durch das Internationale Rote Kreuz versorgt, und Anfang 1945 haben sie Besseres zu bieten als wir. Als nach einigen Minuten Unteroffizier Kluge immer noch nicht aufgetaucht ist, werde ich ärgerlich. Ich laufe noch einmal zum Pförtner und rufe in seiner Unterkunft an. Selbstverständlich kann ich in der Pförtnerloge nicht »Klartext« sprechen und benutze das Wort »Belehrung«. Kluge begreift relativ schnell und verspricht, innerhalb der nächsten Minuten dazusein. Wie versprochen, sitzt er kurz darauf an unserer Kaffeetafel.

Wir kommen jedoch nicht dazu, auch nur am Kaffee zu nippen. Krachend fliegt die Tür der Baracke auf, drei Herren in Zivil stürmen herein.

»Geheime Staatspolizei, Ihre Soldbücher. Können Sie uns erklären, was hier vorgeht?«

Mir läuft es eiskalt den Rücken herunter. »Vorbei«, denke ich, »jetzt ist es vorbei. Aus den Händen der Gestapo gibt es kein Entrinnen.« Nach einigen Minuten höllischer Angst wird uns erlaubt, in unsere Stuben zurückzukehren. In der Nacht kann ich kein Auge zumachen. Was für eine Dummheit von mir, vom Telefon der Pförtnerloge aus anzurufen! Das ist doch ein Rüstungsbetrieb! Ich hätte daran denken müssen, daß die Gestapo die Telefone abhört!

Ich klammere mich an die Hoffnung, als Soldat

66

nicht der Gerichtsbarkeit der Gestapo zu unterstehen. Das heißt, jeder Fall muß zunächst durch die Wehrmacht bearbeitet werden.

Und so eröffnet uns Schober am nächsten Tag erwartungsgemäß, er müsse uns inhaftieren. »Was machen Sie nur für einen Blödsinn, Köfer und Kluge«, meint er kopfschüttelnd und steckt uns in Arrest.

Dort warten wir auf unsere Entlassung, selbstverständlich »in Unehren«, aus der Wehrmacht, den sicheren Tod durch die Gestapo-Schergen im Auge.

Doch nur wenige Tage darauf überschreiten die Russen die Oder, und wir flüchten gemeinsam mit den Truppen sowie den serbischen und französischen Gefangenen Hals über Kopf gen Westen.

Eines Abends nehmen mich meine französischen Freunde beiseite und flüstern mir zu: »Herbert, wir haben für dich eine Uniform beiseite gelegt. Du bist einer von uns. Du kommst mit uns. Sprich kein Wort, dann fällt das gar nicht auf.«

Doch ich habe zuviel Angst, und so flüchten sie allein. Sie werden nicht gefaßt und gelangen gesund in ihre Heimat, wie ich später erfahre.

Nach einigen Tagen teilt man uns sowjetische Kriegsgefangene zu. Mit ihnen ziehen wir bis in den Harz, wo sie in Torfhaus Holz zu schlagen haben. Gleich am ersten Tag flüchten vor meinen Augen drei der Gefangenen. Ich schieße nicht auf sie, weshalb ich wieder vor dem Kadi landen soll. »Das«, denke ich, »führt diesmal wirklich zu meiner Verurteilung.« Ich habe wieder Glück. Diesmal sind es die Amerikaner, die durchbrechen und bereits alle Straßen abriegeln. In der allgemeinen Panik drückt mir einer unserer Offiziere eine Panzerfaust in die Hand und befiehlt mir, diese Waffe gegen die vorrückenden Amerikaner einzusetzen.

Ich haben noch nie so ein Ding in der Hand gehabt und nicht die allergeringste Lust, den Heldentod zu sterben. Ich werde dieses abscheuliche Gerät nicht einsetzen, beschließe ich für mich, stelle die Panzerfaust an einen Baum, gehe in die Unterkunft, hole meine beiden Koffer und mein Fahrrad und laufe los. Überall, wo ich hinkomme, habe ich die Amerikaner im Rücken. Meine beiden Koffer schiebe ich auf dem Fahrrad neben mir her. Der eine ist gefüllt mit Schminke, der andere mit gefundenen, alten Schallplatten.

Auf dieser beschwerlichen und langen Flucht treffe ich in einem Luftschutzkeller bei Dessau eine junge Luftwaffenhelferin. Wir sitzen bei einem Fliegeralarm ganz allein in dem Keller und beschließen, gemeinsam weiterzuziehen. Einer klammert sich an den anderen, bis wir in Berlin sind. Dort tauschen wir dann noch die Adressen aus, sehen uns aber nie wieder. Meine Masche auf der Flucht ist es, mich bei allen Armeeämtern zu melden und nach »meiner Truppe« zu fragen. So schaffe ich es bis Berlin. In der Friedrichstraße melde ich mich bei der Kommandantur und ziehe meine Schau zum letztenmal ab: »Ich bin von meiner Truppe getrennt worden und suche sie. Können Sie mir weiterhelfen?«

Ich sehe jedoch derart zerrissen, heruntergekommen und abgemagert aus, daß mich die Offiziere erst einmal ins Lazarett stecken wollen. Da jedoch alle Betten belegt sind, werde ich gefragt, ob es jemand gebe, bei dem ich in Berlin unterkommen könne. So lande ich schließlich bei meinen Eltern. Vater ist überglücklich und meint: »So, Junge, nun ist für dich der Krieg vorbei. Du bleibst hier, wir lassen dich nicht wieder weg.«

Allerdings begegnet man hier auf Schritt und Tritt den »Kettenhunden«, die nach Fahnenflüchtigen suchen und jeden, den sie finden, sofort am nächsten Baum aufhängen. Dieses Risiko will ich auf Dauer nicht eingehen.

Nach acht Tagen verabschiede ich mich von meinen Eltern und besteige den Zug in Richtung Brandenburg. Es ist der letzte Zug, der aus Berlin herauskommt, wie ich später erfahre. Doch auch er wird bombardiert.

In Brandenburg melde ich mich nicht bei der Truppe, sondern beziehe einfach Posten vor einem Luftschutzbunker, in dem ich bei Angriffen schnell Schutz finde. Erst nach drei Tagen zeige ich mich bei der Truppe, die jedoch keine Waffe mehr für mich hat.

Doch – ein Soldat muß beschäftigt werden! Also heißt es jeden Morgen: »Antreten!« Jeder von uns erhält einen Auftrag. Ich soll in der dritten Etage der Kaserne Luftschutzjalousien reparieren, eine Arbeit von höchstens zwei Stunden.

Jeden Morgen wird die Arbeit erneut vergeben.

»Köfer, sind Sie schon eingeteilt?«

»Jawohl, Luftschutzjalousien reparieren!«

»Gut, wegtreten!«

Wenn der Krieg nicht zu Ende gegangen wäre, würde ich wohl heute noch in der dritten Etage der

Kaserne Brandenburg Luftschutzjalousien reparieren!

Eines Nachts erscheint nun ein älterer Hauptmann auf dem Kasernenhof und läßt uns antreten. »Sie dürfen keine Fragen stellen und müssen sich ruhig verhalten«, fordert er uns auf und marschiert mit uns aus Brandenburg hinaus. Er führt uns bis Ludwigslust. Wir haben keine Verpflegung, und es besteht auch kaum eine Chance, etwas Eßbares zu bekommen. In den Wäldern liegt die Waffen-SS, und in den Dörfern hängen bereits weiße Fahnen, um die Alliierten zu empfangen. Da wir in Uniform sind, werden wir sofort von jedem Hof gejagt. Die Bauern haben Angst.

Eines Morgens entdecke ich auf einer Landstraße mit umgekipptem Kriegsgerät und weggeworfenen Waffen einen querliegenden Verpflegungslaster. Ich klettere auf die Ladefläche und sehe dort Säcke voller Haferflocken und Zucker. Instinktiv stopfe ich alle Taschen und Behältnisse damit voll und ahne nicht, daß dies für viele Tage meine einzige Nahrung sein wird.

Wir ziehen weiter. Als wir auf ein kleines Waldstück zu marschieren, läuft auf einmal ein junger Schwarzer mit durchgeladener Maschinenpistole auf uns zu und schreit: »Hands up!« Er nimmt mir meine Uhr ab und stößt mich mit einem »Go!« von sich. So gerate ich in Gefangenschaft. Ich setze mich an einen Baum und heule los. Der Krieg ist nun endgültig vorbei. Und ich lebe noch!

Jetzt erst wird mir bewußt, was der Hauptmann für uns getan hat. Er rettete uns allen das Leben, indem er uns sicher in die Gefangenschaft führte. Gern möchte ich ihm ein paar Dankesworte sagen, ihm die Hand drücken. Doch der Hauptmann ist verschwunden, ich sehe ihn nie wieder.

Schnell begreifen wir, daß es sich bei »unseren Amis« um eine Luftlandetruppe handelt. Wir lagern einige Wochen unter ihrer Bewachung auf einem freien Kartoffelacker, was sich bei der schlechten Versorgungslage als Glück erweist. Denn die amerikanischen Luftlandetruppen verfügen nicht über allzu reichliche Vorräte. Für jeden von uns gibt es deshalb täglich nur eine Büchse »Ham and Eggs« als Verpflegung, für die Amerikaner ist das höchstens ein kleiner Teil des alltäglichen Frühstücks. Also suchen wir auf dem Acker nach Kartoffeln, die von der letzten Ernte übriggeblieben sind, und strecken damit unsere Tagesration. Jede dieser Mahlzeiten ist für uns ein wahres Festessen.

Ein paar Wochen später schicken uns die Amerikaner in Richtung Elbe. Dort haben sie die deutschen Resttruppen zusammengezogen. Am anderen Ufer der Elbe erblicke ich die unendliche Reihe deutscher Panzer: ein schrecklicher, furchteinflößender Anblick, den ich nie mehr vergessen kann. Wie dicht standen wir vor einer neuen Katastrophe, davor, daß der Krieg erneut ausbricht – Amerikaner und Deutsche gemeinsam gegen die Russen, die »rote Gefahr aus dem Osten«.

Doch dann wird der Waffenstillstand unterzeichnet, wir werden in einen Zug verfrachtet und in Richtung Holstein gefahren, wo wir von Engländern in Empfang genommen werden. Die springen bei weitem nicht so »gemütlich« wie die Amerikaner mit uns um.

Ich lande in einem Gefangenencamp in Hasselburg/Holstein. Zu meiner Überraschung herrscht dort Uniformzwang. Die Offiziere der geschlagenen deutschen Armee laufen sogar mit ihren Orden und Ehrenzeichen herum, es muß militärisch gegrüßt werden. Ich kann es nicht fassen!

Kurz nach meiner Ankunft werden Schauspieler zum Aufbau eines Lagertheaters gesucht. Ich melde mich, und bald gehöre ich zum kleinen begeisterten Trupp der Lagerschauspieler, die mit viel Phantasie aus Strohballen Sitzreihen und eine Bühne in eine alte Lagerhalle zaubern. Unsere erste Premiere ist das Büchner-Stück »Leonce und Lena«. Für die Aufführung haben wir sogar Allongeperücken zur Verfügung – aus Stroh! Unter uns Gefangenen hat sich ein Maskenbildner aus Dresden gefunden, der dies alles mit großer Geschicklichkeit zusammenbastelt. Bald bekommt unser Theater den Spitznamen »Das Strohtheater von Hasselburg«.

Im Oktober 1945 werde ich aus dem Lager entlassen, spiele jedoch als Zivilist noch eine Weile am »Strohtheater« weiter.

7. Ein neuer Anfang

Natürlich will ich so schnell wie möglich nach Berlin. Schließlich weiß ich nicht einmal, ob meine Eltern die letzten mörderischen Wochen des Krieges überlebt haben. Also nehme ich Urlaub. Auf schwierigen Umwegen gelange ich durch die verschiedenen »Zonen« nach Berlin und komme am S-Bahnhof Wannsee an. Während ich auf den nächsten Zug warte, beobachte ich die Gesichter der Menschen auf dem Bahnhof. Plötzlich stutze ich – nur wenige Meter von mir entfernt steht meine Mutter! Ich laufe auf sie zu. »Guten Tag, Mutter!«

Sie streift mich nur kurz mit einem Blick und erwidert: »Guten Tag!«, worauf sie sich wieder abwendet. Est nach einer Weile wird ihr klar, daß tatsächlich ihr Sohn neben ihr steht.

Vater geht es nicht anders. Als Mutter und ich glücklich Arm in Arm vor unserem Haus auftauchen, will er eben zu einer Verabredung mit dem Rad losfahren. Mutter lacht ihn freudestrahlend an. »Männe, der Herbert ist da!«

»Ja, ja«, brummelt er nur vor sich hin und steigt aufs Rad, ohne mich eines weiteren Blickes zu würdigen.

Kopfschüttelnd schaut Mutter ihm nach. »Das mußt du verstehen«, erklärt sie mir, »Vater hat sehr viel zu tun. Er fühlt sich für alles verantwortlich.«

Vater steckt alles, was er hat, in die vom Krieg zerstörte Gemeinde und opfert jede freie Minute für den Wiederaufbau. Er gründet eine »Aufbaufirma«, holt Handwerker zusammen, läßt Zäune und Häuser reparieren. Viel Energie steckt er auch in die Organisation von Festen. Für die Kinderfeste in Dreilinden besorgt er scheinbar Unmögliches. Kekse, Bonbons, Würste. Und das in einer Zeit, in der es nichts gibt.

Die Russen begrüßt er mit offenen Armen. Er sieht in ihnen die »Befreier«.

Bald schon muß er jedoch mit anderen Einwohnern Dreilindens zur Selbsthilfe greifen – im Ort wird eine Bürgerwehr gegründet, denn die Übergriffe von aus der nahen Kaserne Stahnsdorf desertierten russischen Soldaten häufen sich. Sie suchen in Dreilinden vor allem nach Eßbarem, und es kommt zu schlimmen Vorkommnissen: Vergewaltigungen.

Eines Tages sucht ein junges Mädchen aus der Nachbarschaft bei meinem Vater Schutz vor einem russischen Offizier.

Vater kennt ihn. Sie haben sich bereits öfters unterhalten und sind sich dabei nähergekommen.

Ein Zeichen seines Wohlwollens bekamen wir zu spüren, als alle Dreilindener für drei Tage ihre Häuser verlassen mußten, da die Russen darin ihre Siegesfeiern abhalten wollten. Alle Dreilindener kampierten in dieser Zeit in einer Schule. Während die anderen später ihre Häuser sehr mitgenommen vorfanden, war in meinem Elternhaus alles in Ordnung. Es standen lediglich schmutzige Gläser herum.

Eines Tages steht nun dieser Offizier in unserem Wohnzimmer und brüllt: »Ich will Frau!« Er wiederholt seine Forderung immer wieder und fuchtelt dabei furchteinflößend mit der Pistole in der Luft herum. Mutter ist bleich vor Schreck. Vater jedoch stellt sich vor das Mädchen, reißt sein Hemd über der Brust auf und brüllt: »Wenn du Frau willst, mußt du mich erschießen!«

Irritiert läßt der Russe die Waffe sinken. Er murmelt etwas Unverständliches und verläßt unser Haus. Das Mädchen wird fortan in Ruhe gelassen.

Vaters Versuch, einen »sozialistischen Betrieb« aufzubauen, scheitert kläglich. Der von ihm finanzierte »Aufbaubetrieb« brennt eines Tages ab. Da das gesamte Geld meiner Eltern in diesem Experiment steckte, muß Vater sich wieder etwas einfallen lassen.

In der Vorkriegszeit hatte er bei einer Firmenauflösung einen Restposten Alabasterlampen, Aschenbecher und sonstige Alabasterware aufgekauft. Die lagerte jahrelang in unserer Wohnung. Jetzt beginnt mein Vater, dieses Zeug auf dem Weihnachtsmarkt zu verkaufen. Damit gelingt es meinen Eltern, sich über Wasser zu halten. Vater versucht außerdem, seine Firma am Funkturm wieder zu beleben. Doch dazu muß er sich erst einmal mit einem ehemaligen Mitarbeiter auseinandersetzen, der in den Nachkriegswirren das Geschäft einfach als sein eigenes weitergeführt hat. Notgedrungen läßt Vater sich auf den Kompromiß ein, die Firma künftig gemeinsam mit ihm weiterzuführen. Damit Vater es nicht so weit zur Arbeit hat, übersiedeln meine Eltern schließlich wieder nach Berlin, in die amerikanische Besatzungszone. Sie finden eine Wohnung in Charlottenburg, nachdem sie vorübergehend bei zwei älteren Damen zur Untermiete gewohnt haben. Diese beiden Damen bereiten mir sehr viel Spaß, denn sie halten sich mit dem Verfassen von Horoskopen über Wasser. Auch mir überreichen sie eines Tages ein speziell für mich angefertigtes Horoskop, nach »streng wissenschaftlichen Prinzipien«, wie sie betonen. So richtig anfreunden kann ich mich mit ihren Prognosen allerdings nicht und lege das Schriftstück achtlos irgendwo in einen Schrank.

Zu meinen Eltern bin ich nach meiner Entlassung aus der Kriegsgefangenschaft ursprünglich nur gefahren, um zu sehen, wie es ihnen ergangen ist. Doch aus den geplanten »paar Tagen« wird mehr. Mutter fordert mich bereits kurz nach meiner Ankunft auf, mich um meine Lebensmittelkarte zu kümmern. Wir haben nicht genug zu essen, und Geld für Einkäufe auf dem Schwarzmarkt haben wir auch nicht. Also schwinge ich mich auf mein Rad und fahre nach Kleinmachnow, wo ich die Karten erhalten kann. Auf dem Weg fällt mir an einer alten Villa ein Schild auf: »Neues Berliner Künstlertheater.« Das macht mich neugierig. Vielleicht gibt es hier etwas für mich zu tun. Doch so, wie ich aussehe, traue ich mich nicht recht, in die Villa zu gehen: Ich habe einen alten Gummimantel an, ein Stück aus der Zeit meiner Gefangenschaft. Dennoch nehme ich meinen ganzen Mut zusammen und gehe in das Büro, wo mich ein gewichtiger Herr nach meinen Wünschen fragt.

»Ich bin Schauspieler, und ich wollte eigentlich nur fragen, ob sie hier noch einen brauchen«, erläutere ich ihm mein Anliegen.

»Können Sie denn vorsprechen?« erwidert er.

»So recht vorbereitet bin ich darauf jetzt nicht. Ich bin eben erst aus der Kriegsgefangenschaft zurückgekehrt, besuche nur meine Eltern«, antworte ich.

»Vielleicht fällt Ihnen doch etwas ein«, macht er mir Mut.

In diesem Moment tritt aus dem Büro ein Mann, den ich sofort als den bekannten UFA-Schauspieler Richard Häusler erkenne. Der schwergewichtige Herr bemerkt meinen erstaunten Blick und stellt mich Häusler vor. Dabei erfahre ich auch, wer mein Gesprächspartner ist. »Ich bin der Direktor dieses Theaters, Karl-Heinrich Worth. Haben Sie etwas dagegen, wenn Herr Häusler bei Ihrem Vorsprechen dabei ist?«

Nun kann ich nicht mehr zurück. Wir gehen gemeinsam in ein kleines Zimmer, dort spreche ich unter anderem aus den »Räubern« und »Egmont« sowie aus einem Curt-Götz-Konversationsstück vor. Es muß schrecklich gewesen sein, aber Worth zeigt sich zufrieden. Er hat gerade mit Häußler einen Vertrag über eine Hauptrolle in der Kriminalkomödie »Parkstraße 13« abgeschlossen. Das Stück soll von einem anderen bekannten Schauspieler inszeniert werden: Alexander Engel.

Worth bietet mir unmittelbar nach dem Vorsprechen ebenfalls eine Rolle in dem Stück an – und einen Jahresvertrag.

Als ich nach Hause komme, habe ich also einen Vertrag in der Tasche, der mir ein monatliches Einkommen von 450 Mark sichert. Die in jener Zeit viel wichtigeren Lebensmittelkarten habe ich in der Aufregung allerdings völlig vergessen.

Wenige Wochen später stehe ich im ehemaligen Kino »Kammerspiele« in Kleinmachnow auf der Bühne. Das provisorisch zum Theater umgebaute Haus ist in jener Zeit sehr gut besucht, denn die großen Berliner Bühnen sind entweder noch stark beschädigt oder völlig zerstört. Der sowjetische Kommandant Bersarin ist kulturinteressiert, deshalb können wir in allen möglichen und unmöglichen Räumen spielen. Viele Schauspieler finden so wieder eine Arbeit. Da einige von ihnen erst nach ihrer Entnazifizierung wieder an den großen staatlichen Bühnen spielen dürfen, zeichnen sich nicht wenige dieser kleinen Behelfsbühnen durch gute Besetzungen und Inszenierungen aus.

Als erstes spiele ich in »Parkstraße 13« den Schauspieler Nordau. Danach folgt »Der Strom«, in dem ich in Brieg meinen ersten beruflichen Lorbeer erntete. Dieser Inszenierung schließen sich unter anderem »Die Braut von Messina« und »Iphigenie« an. Und zum erstenmal erlebe ich die Inszenierung eines Schwanks: »Der Raub der Sabinerinnen.«

Es ist wunderbar, Menschen, noch dazu in schwerer Zeit, lachen zu hören.

Zwischenfälle bleiben natürlich bei diesen Theateraufführungen inmitten von Provisorien nicht aus. Da das Theater ursprünglich cin Kino war, hat es so gut wie keine Hinterbühne. Der Direktor läßt deshalb die ersten Zuschauerreihen abbauen und die Bühne nach vorn vergrößern. Nötig ist das vor allem für die recht aufwendige Inszenierung »Die Braut von Messina«. Der »Chor« besteht immerhin aus zwei Personen!

Ich spiele in diesem Stück den Don Cesar, der in einer Szene seinen Bruder Don Manuel ersticht.

Da, wie gesagt, die Hinterbühne zu klein ist, muß ich von der Seite auf die Bühne kommen – von der Straße aus! Auf der belebten Straße ist es jedoch nicht möglich, das Geschehen auf der Bühne genau zu verfolgen. Und so höre ich mein Stichwort nicht genau. Als ich glaube, es sei gefallen, stürze ich durch die Tür auf die Bühne und »ersteche« meinen Kollegen. Der ist sichtlich verwirrt, doch ihm bleibt nichts übrig, als sterbend niederzusinken. Beim Zusammenbrechen wirft er mir einen bitterbösen Blick zu und zischt durch die Zähne: »Na warte!«

Ich weiß nicht recht, was diese Bemerkung soll. Als ich allerdings die entsetzten Gesichter meiner Kollegen sehe, wird es mir schlagartig klar: Ich bin zu früh auf die Bühne gestürzt und habe meinem Kollegen mindestens fünf Seiten Text »hinweggestochen«!

Am nächsten Tag lese ich in der Kritik des bekannten Theaterrezensenten Fritz Erpenbeck: »Interessante Inszenierung, gut gespielt, nur leider verstehe ich den Strich nicht, mit dem der Regisseur an einer Stelle das Stück etwas unverständlich machte . . .«

In jener Zeit gehört es für uns Schauspieler zu den Selbstverständlichkeiten, daß in unseren Spielstätten auch politische Veranstaltungen durchgeführt werden. Zu einer Wahlveranstaltung erscheint Otto Grotewohl, der sich anschließend mit uns Mitwirkenden noch zusammensetzt und diskutiert. Was Grotewohl zu vermitteln versucht, beeindruckt mich sehr. Ich finde darin meinen Vorsatz bestätigt, etwas tun zu müssen, damit solch ein fürchterlicher Krieg sich nicht mehr wiederholen kann. Als eine Ursache dafür, daß die Nazis ihre Macht so lange mißbrauchen konnten, sehe ich die tiefe Spaltung der beiden Arbeiterparteien an, die ich als Kind selbst so nachdrücklich erlebt habe. Nach unserem Gespräch mit Grotewohl erfahre ich, daß die Vereinigung von KPD und SPD unmittelbar bevorstehe, die Partei demnächst SEP oder SED heiße. Ich werde Mitglied. Erst später wird mir klar, daß der Zusammenschluß unter dem Druck der Sowjetmacht erfolgte. Parteimitgliedschaft, das ist mir nicht genug. Ich habe das Gefühl, jetzt und sofort etwas gegen die Kriegsgefahr tun zu müssen. So stelle ich mich mit zwei anderen ehemaligen Soldaten in einer Privatinitiative auf den S-Bahnhof Dreilinden, den ersten Bahnhof auf russischem Besatzungsgebiet. Wir nehmen den aus Westberlin ankommenden Kindern das dort gekaufte Kriegsspielzeug weg, um es gegen ungefährliche Teddys und Stofftiere umzutauschen. Das stößt bei den Kindern und ihren Eltern nicht gerade auf Gegenliebe, doch ich bin restlos von der Richtigkeit meiner Umtauschaktion überzeugt. Ich habe gerade diesen schrecklichen Krieg überlebt und möchte um keinen Preis, daß wieder Kinder zu Mördern erzogen werden.

Jahre später wird mir durch eine Episode mit meinem Sohn Andreas bewußt, in welch schwieriger Zeit wir leben und lebten. Wiederbewaffnung – »ja oder nein?« – eine nicht leicht zu beantwortende Frage! Ich sitze mit meinem kleinen Sohn auf dem Schoß in der S-Bahn. Ein sowjetischer Soldat steigt ein, eine Waffe über der Schulter.

Andreas zeigt auf ihn und sagt: »Papa, da ist ein böser Mann, du mußt ihm die Waffe wegnehmen!«

Ich bin in Sorge, daß der Soldat das gehört hat, und versuche, Andreas zu beruhigen. Aber Andreas wiederholt seine Worte hartnäckig. Aus Furcht verlasse ich das Abteil und gehe mit ihm in einen anderen Wagen. Mir wird klar, in welch prekärer Situation wir uns schon wieder befinden.

1947 soll sich mein Privatleben entscheidend ändern. Auf meine DRK-Suchanzeige hin meldet sich meine ehemalige Verlobte Traudel. Sie hat in Sulz am Neckar Unterschlupf gefunden. Überglücklich schreibe ich ihr sofort und mache ihr den Vorschlag, sofort zu mir zu ziehen. Doch Traudel teilt mir in ihrem Antwortschreiben mit, daß sie in Sulz nicht allein lebt: Da sei noch ihre Mutter, mit der ich mich ja nie so recht verstanden habe, und ein kleines Mädchen, Gabriele – ihre Tochter! Von ihr habe ich bisher nichts gewußt!

Mein Glück ist vollkommen, als Traudel bei ihrem ersten Besuch sofort einwilligt, als ich sie bitte, mich zu heiraten.

So schnell wie möglich setze ich mich in den Zug, um Gabriele abzuholen. Es wird eine Reise mit Hindernissen, wie sie in jener Zeit alltäglich sind – allein drei Tage verbringt der Zug stehend auf freier Strecke. Doch am Ende sind wir alle glücklich vereint – Traudel zieht mit ihrer kleinen Tochter, die jetzt unsere Tochter ist, bei uns ein. Am 14. Juli 1947 heiraten wir.

Und wie!

Traudel will eine kirchliche Trauung. Soll sie haben! Die Liebe ist groß, ich will ihr alle Wünsche erfüllen. Ein genauer Plan wird erstellt. Traudel stimmt ihn mit dem Pfarrer ab:

1. Glocken läuten, Brautpaar betritt die Kirche.
2. Gang zum Altar – Orgelspiel »Ave Maria«.
3. Ringübergabe – Gesang der Hochzeitsgesellschaft: »So nimm denn meine Hände«.
4. Brautpaar und Gäste verlassen die Kirche – Glocken läuten.

So soll es sein. Aber . . .

Die Glocken läuten nicht, Gäste und Brautpaar warten.

Nach fünfzehn Minuten kommt der Pfarrer angerannt. »Entschuldigung, es dauert noch etwas!«

Er rennt wieder in die Kirche. Wieder zehn Minuten warten. Gäste und Brautpaar werden unruhig. Pfarrer kommt wieder. »Entschuldigung der Organist hat heute eine Rundfunksendung – er hat den Termin verpaßt, und wir haben keinen Organisten. Was machen wir bloß?«

Ratlosigkeit bei allen.

Günter Güssefeld, der mit seiner Frau Helga zu den Gästen gehört, weiß Rat. Helga ist Sängerin an der komischen Oper. Sie soll singen, er will auf der Orgel ein paar Akkorde greifen. Damit wäre alles gerettet!

Jetzt kann es losgehen!

Der Pfarrer rennt wieder in die Kirche, die Glocken läuten.

Gemessenen Schrittes gehen wir auf den Altar zu. Die Orgel klingt – was heißt klingt, man hört einen

Akkord, sagen wir, A-Dur. Dazu Helgas Stimme: »Halleluja, hallelujah, hallelujah . . .«

Zweiter Akkord – wieder Gesang: »Hallelujah, Hallelujah . . .«

Dritter Akkord – Gesang »Hallelujah . . .«

Bis wir vorm Altar stehen: Höllenqualen haben wir auf diesem Weg ausgestanden. Von den Gästen kann sich niemand ansehen, alle haben Tränen in den Augen – vor Lachen! Auch wir können das Lachen nicht mehr zurückhalten. Schweiß auf der Stirn stehen wir vor dem Pfarrer. Traudels Wunsch entsprechend, in Ermangelung einer Orgel, singt er jetzt solo: »So nimm denn meine Hände und führe mich!« Nur leider kann er nicht singen!

Endlich steckt er uns die Ringe auf. Die ersten Gäste verlassen, das Taschentuch vor den Mund gepreßt, die Kirche. Wir rennen mehr ins Freie, statt gemächlich zu schreiten. Von Feierlichkeit keine Spur mehr!

Und die Komödie geht weiter. Vor der Kirche befindet sich ein Friedhof. Hinter Gräbern liegend schießen die Fotografen, die ich bestellt habe, ihre Bilder. Als letztes werde ich aufgefordert, den Zylinder, den ich bis jetzt nur in der Hand hielt, aufzusetzen. Damit ist allem die Krone aufgesetzt! Der Zylinder rutscht mir bis über beide Ohren – ich habe vor lauter Aufregung beim Verleiher eine falsche Nummer gegriffen und den Hut niemals vor der Trauung anprobiert. Das war's dann! Die feierliche Gesellschaft bricht restlos auseinander. Es dauert lange, bis die ersten sich fassen und dem Brautpaar ihre Glückwünsche aussprechen können.

Nach der Hochzeit wohnen wir noch eine ganze Weile in dem kleinen Haus meiner Eltern, in zwei winzigen Dachgeschoß-Zimmern. Später frage ich mich oft, wie wir es in dieser Enge nur aushalten konnten. Doch wir sind zusammen, haben die schlimme Zeit überstanden und sind glücklich. Wenig später schon läßt Vater auf der gegenüberliegenden Straßenseite auf einem Pachtgrundstück von seinem Baubetrieb ein kleines Holzhaus bauen, in das wir 1948 einziehen. Am 17. März 1949 wird dort unser Sohn Andreas geboren.

Bis 1947 hatte ich zum Ensemble des Neuen Berliner Künstlertheaters gehört – dann mußte ich mich wieder nach etwas Neuem umsehen. Inzwischen spielen die meisten Berliner Theater wieder, einige sind notdürftig hergerichtet worden, andere haben sich Ausweichspielorte gesucht. Ein großer Teil der in der Nazizeit populären und dadurch als belastet geltenden Schauspieler sind inzwischen »entnazifiert« worden und dürfen wieder auf den größeren staatlichen Bühnen spielen. Diese gewinnen für die Zuschauer zunehmend an Attraktivität, und so bleiben den kleinen Bühnen im Berliner Umland die Zuschauer weg. Auch Worth teilt uns schließlich mit, daß er unsere Gagen nicht mehr zahlen könne. Ich falle erst einmal in ein tiefes Loch, bin ohne Arbeit. Doch Richard Häußler, der in Kleinmachnow nur wenige Kilometer von meinem Zuhause entfernt wohnt, vermittelt mir nach wenigen Wochen ein Engagement an der Berliner Tribüne, nahe beim heutigen Ernst-Reuter-Platz. Dort spiele ich unter der Regie Victor de Kowas gemeinsam mit vielen bekannten UFA-Schauspielern zunächst in dem Boulevard-stück »Das Haus der verbotenen Liebe«, danach in »Die weiße Weste« von Heinrich Spoerl.

Noch Jahre später muß ich herzhaft lachen, wenn ich mir eine Kritik zur Aufführung »Die weiße Weste« anschaue. »Herbert Köfer war ein etwas schmalbrüstiger ›Liebling‹ – kein Wunder bei Lebensmittelkarte 3!« heißt es da.

Für mich ist die Arbeit an diesem Theater paradiesisch, denn Victor de Kowa liebt seine Schauspieler. Er ist ein sehr feiner, liebenswürdiger Mensch und ein ebenso großartiger Regisseur. Als Schauspieler bewundere ich ihn ohnehin schon seit meiner Kindheit.

Ich darf in der Tribüne auch mit der von mir seit Jahren angebeteten Schauspielerin Hilde Körber auf der Bühne stehen. Diese Bewunderung bringt mich bei unserem ersten gemeinsamen Auftritt in arge Verlegenheit!

Hilde Körber spielt die Hauptrolle, ich bin ihr Sohn. Schon lange vor meinem Auftritt stehe ich hinter der Bühne, beobachte jede ihrer Gesten, bewundere ihre sprachliche Ausdrucksfähigkeit, den eigenartig sentimentalen Klang ihrer Stimme.

Wenige Minuten vor meinem Stichwort gehe ich noch einmal meinen Text in Gedanken durch – das Stichwort fällt, ich trete auf, aber mit dem Text, bei dem ich in Gedanken angekommen war, als das Stichwort fiel! Frau Körber wirft mir einen verständnislosen Blick zu. Es dauert eine Ewigkeit, scheint mir, bis ich den richtigen Text parat habe. Und ich gewinne meine Fassung wieder! Zum Glück!

8. Mein Einsatz ist gefragt

Ein Jahr lang ist die Tribüne meine künstlerische Heimat, und während dieser Zeit erschließe ich mir ein weiteres Betätigungsfeld: Ich beginne als Rundfunksprecher zu arbeiten. Dabei habe ich die Gelegenheit, mich darstellerisch auszutoben. Sogar Goethe, Schiller und Heine sind vor mir nicht sicher.

Bei der Arbeit am Hörspiel »Schlöffel« mit Regisseur Karl-Heinz Riepenhausen, später bekannter RIAS-Hörspielregisseur, lerne ich auch den Autor des Hörspiels kennen. Während der Leseproben und Aufnahmen fällt mir eine komische Figur auf, mit dicker Brille und selbst für damalige Verhältnisse sehr abgerissener Kleidung. Er redet unentwegt dazwischen. Als ich eine Kollegin frage, wer das sei, lacht sie und sagt: »Na, das ist doch Kurt Bartel, Kuba!« Später wird er ein sehr bekannter und umstrittener DDR-Autor.

Die Rundfunkanstalt befindet sich damals in der Masurenallee, im Haus des späteren SFB. Zu jener Zeit wird das Gebäude allerdings noch russisch verwaltet.

Obwohl sich unsere Arbeit allmählich wieder in geordneten Bahnen bewegt, werden wir oft an die unsicheren Zeiten erinnert, in denen wir leben.

Das Haus in der Masurenallee wird eines Nachts

von den Engländern mit Stacheldraht umzäunt. Keiner darf mehr rein oder raus. Die Mitarbeiter, die das Pech haben, in jener Nacht dort zu arbeiten, werden tagelang von der Armee mit Lebensmitteln versorgt. Gesendet wird in dieser Zeit provisorisch aus einem Gebäude in Grünau, das später dem DDR-Fernsehen gehören wird.

Eine Weile nach diesem Vorfall lerne ich Alfred Braun kennen, der in den zwanziger Jahren aus dem Vox-Haus die erste Radiosendung Deutschlands sprach, also tatsächlich der Radiopionier Deutschlands war. Ich habe seine sonore, unverwechselbare Stimme von damals noch heute im Ohr: »Achtung, Achtung, hier ist Berlin!« Alfred Braun arbeitet als Sprecher, Redakteur und Regisseur. Von ihm lerne ich sehr viel. Er besetzt mich in einer Sendereihe, die täglich zehn Minuten über den Sender geht. Zwei Berliner Typen, Franz und Otto, sprechen kleine, witzige Begebenheiten zu Tagesereignissen. Mein Partner ist Willi Rose. Er gehörte zur legendären Rose-Familie und war Mitglied des berühmten Rose-Theaters an der Frankfurter Allee. Dieses Theater war ein wirkliches Volkstheater.

Während meiner Mitwirkung an einer Hörspielfassung von »Romeo und Julia« lerne ich einen vielversprechenden jungen Schauspieler namens Klaus Kinski kennen. Er spricht den Romeo. Kinski, das merken wir alle sofort, ist überaus begabt – aber auch verrückt! Als die Balkonszene aufgenommen werden soll, läßt er den gesamten Sprecherraum abdunkeln und Kerzen aufstellen.

Schließlich erscheint er, mit einem Morgenmantel bekleidet, und spricht seinen Text.

Eine weitere wichtige Bekanntschaft in dieser Zeit ist die mit Pelz von Felinau, Schriftsteller, Regisseur und Rundfunkredakteur. Ich bewundere die Energie, die er trotz seiner schweren Krankheit für seinen geliebten Beruf aufbringt. Von Felinau kämpft mit einem Nervenleiden, der Parkinsonschen Krankheit, und kann seinen Körper kaum unter Kontrolle halten. Er leidet sehr darunter, daß ihn auf der Straße stets eine Horde spottender Kinder verfolgt. Pelz von Felinau hat ein Buch über den Untergang der »Titanic« geschrieben und behauptet, selbst an Bord des Schiffes gewesen zu sein.

In seinem Beruf ist er genial. Er versteht es, aus Hörspielen »Filme für Blinde« zu machen. Wenn er selbst vor dem Mikrofon steht, vermag er sogar für kurze Zeit seinen kranken Körper unter Kontrolle zu bringen. Dann ertönt eine kraftvolle, warme und wunderbare Stimme.

Wir beide haben eine sehr gute Beziehung, die zudem einen »ökonomischen« Aspekt hat: Pelz von Felinau schätzt mich auch deshalb, weil ich in der Lage bin, kleine Flaschen selbstgebrannten Kartoffelschnaps von meinem Onkel Ernst zu besorgen. Und das sogar regelmäßig!

Leider verlieren wir uns später aus den Augen. Jahre darauf erhalte ich von ihm einen sehr schönen und rührenden Brief, in dem er sich bei mir und meinen Kollegen für unsere Fallada-Verfilmung »Wolf unter Wölfen« bedankt.

Josef Pelz von Fellnau

1 Berlin 19
Steubenplatz 2
Tel. 304 28 29 13.III.68

Lieber,guter Kollege Köfer,

bitte lassen Sie mich Ihnen sagen,wie grossartig Sie uns
(und ganz besonders mir!) in Ihrer letzten Rolle als von
Studmann gefallen haben! Ich weiss regieliche Leistungen
von persönlichen Qualitäten nur zu gut zu unterscheiden!
Ihre noble Gelassenheit in dieser Rolle ist nicht "Spiel",
sondern ist,vom Anfang Ihrer recht bemerkenswerten und wohl-
verdienten Karriere an,Bestandteil Ihres Wesens und Ihres
Charakters gewesen.

Ich denke mit sehr viel Freude an die Stunden unserer gemeinsamen Tätigkeit am Berliner Sender zurück!

In diesem Zusammenhang bitte ich Sie,lieber Herr Köfer,herz-
lichst,auch dem DEFA-Team der beiden Fallada-Filme,"Kleiner
Mann,was nun?" und "Wolf unter Wölfen" meine uneingeschränk-
te Hochachtung vor diesen grossartigen Leistungen auszuspre-
chen!

                    Es begrüsst Sie herzlichst – Ihr
                    alter

Bankkonto: Berliner Bank, Depka 3, Konto-Nr. 53 225 · Postscheck: Berlin West Nr. 1142 09

89

Unter der Regie Pelz von Felinaus spreche ich gemeinsam mit Friedrich Gnaß in einem Hörspiel. Gnaß ist ein begnadeter Schauspieler, bekannt geworden durch seine Mitwirkung in dem Film »Kuhle Wampe«, aber auch ein begnadeter Trinker. Noch zu Lebzeiten ist er eine Legende, um ihn ranken sich zahlreiche Anekdoten.

In unserem gemeinsamen Hörspiel, einer schwierigen Produktion mit zahlreichen Geräuscheinspielungen und ungewöhnlich vielen Mitwirkenden, geht es um Moby Dick. Unsere Nerven sind bei der Produktion zum Zerreißen gespannt. Gnaß hat einen Kapitän zu spielen, und wie erwartet, ist er wieder einmal nicht ganz nüchtern. In einer sehr langen Szene muß Gnaß den Schlußsatz »Die Eisschollen schlagen ans Schiff« sprechen. Da er in einen tiefen Schlaf gesunken ist, wird er vorerst bei der Probe herausgelassen und erst kurz vor der Produktion geweckt. Einigermaßen ausgenüchtert steht er nun vor dem Mikrofon, die Szene läuft gut an. Als sein Einsatz dran ist und er den Satz sprechen soll, kommt er nur bis zu dem Wort »Schollen«.

»Schollen«, wiederholt er nachdenklich, langsamer werdend, »Schollen? Ich habe meine Fischzuteilung ja noch gar nicht abgeholt!«

Alles lacht leise vor sich hin, die Aufnahme muß abgebrochen werden. Das Ganze geht von vorn los – und funktioniert wieder nur bis zu dieser besagten Textstelle. Diesmal spricht Gnaß das Wort »Schollen« gar nicht erst aus – er verläßt Hals über Kopf das Studio. Die Kollegen versuchen, ihn zurückzuholen. Doch er wimmelt sie ab und meint immer wieder:

»Ich darf's ja hier nicht sagen, aber ich muß es trotzdem machen!«

»Ja, was denn?« fragen wir erstaunt.

»Na, die Fischzuteilung endlich abholen!«

Nach der dritten mißglückten Aufnahme wird der Text vom entnervten Regisseur schließlich geändert – und Gnaß mit einer Taxe nach Hause geschickt.

Ob er seine Fischzuteilung dann noch abgeholt hat, das erfahren wir nie.

Bei einer anderen Hörspielproduktion fällt mir eine junge Kollegin auf, die mich ständig aufmerksam mustert. Immer wieder sieht sie mich mit nachdenklichem Blick an. Schließlich, als mir das Ganze schon zu bunt wird, spricht sie mich an: »Entschuldigen Sie bitte, ich überlege bereits eine Weile, woher ich Sie kenne? Waren Sie am Schweriner Theater engagiert?«

»Nein«, antworte ich.

Nach ein paar Minuten spricht sie mich erneut an: »Waren Sie am Rostocker Theater?«

»Nein!«

»Aber ich kenne Sie«, behauptet sie hartnäckig.

Immer wieder fragt Sie mich nach den verschiedensten Theatern, bis sie nach einer Weile aufschreit: »Ich hab's! Ich weiß endlich, woher ich Sie kenne! Sie waren dieser Lackaffe aus der ›Dufrie‹-Werbung! Jedesmal, wenn wir im Kino waren, mußten wir diesen schrecklichen Werbefilm über uns ergehen lassen!«

Mir wird unbehaglich – natürlich erinnere ich mich! Diesen kleinen, aber folgenreichen Werbefilm habe ich vor einiger Zeit in Tempelhof gedreht. Hundert Mark habe ich dafür bekommen, daß ich mein

Gesicht für diese mir unbekannte Kosmetik hinge-
halten hatte. Ein halbes Jahr später ist diese Firma
pleite. Ich kann nur hoffen, daß nicht ich daran schuld
war!

Die junge Schauspielerin allerdings lacht sehr.
Schließlich meint sie: »Entschuldigung. Ich glaube,
ich muß mich jetzt mal vorstellen. Ich heiße Gisela
May.«

Mit Herzklopfen fiebere ich meiner ersten Live-
sendung im Radio entgegen. Ich soll die »Juristische
Viertelstunde« ansagen. Es ist keine große Aufgabe,
ich habe nur zwei Sätze zu sprechen, aber immerhin
einmal vor der Sendung: »Sie hören die Juristische
Viertelstunde« und einmal nach der Sendung: »Sie
hörten die Juristische Viertelstunde«. Ein Kollege,
der mir gegenübersitzt, spricht dann diese »Viertelstunde«. Als ich beim Aufflackern der Signallampe
zum Sprechen ansetze, schüttelt er den Kopf. Ich
höre also sofort auf zu sprechen, denke, der weiß das
ja besser. Im Regieraum sehe ich den Regisseur, der
mir mit Handzeichen zu verstehen gibt, daß ich sprechen soll. Ich hole wieder Luft – der mir gegenüber-
sitzende Kollege schüttelt wieder den Kopf. Ich atme
wieder aus. Kein Wort von mir. Im Regieraum rauft
sich der Regisseur die Haare, klopft sich an die Stirn.
Da begreife ich, daß ich schon längst hätte sprechen
müssen. Mein Kollege ist offensichtlich ebenso nervös wie ich, daher sein Kopfschütteln. Und ich
dachte, er meint mich!

Noch lange Zeit nach diesem Vorfall werde ich
an Livesendungen nicht mehr herangelassen. Endlich darf ich wieder ansagen: eine Musiksendung.

Meinen Text soll ich mir selbst etwas locker aufberei-
ten. Ich habe einen Marschfox anzusagen, aber vor
Aufregung kommt folgendes raus: »Meine Damen
und Herren, das, was sie nun hören, ist kein Marsch,
es ist auch kein Fox – es ist ein Morschfax.«

Damit ist meine Rundfunk-Live-Karriere erst einmal beendet.

9. In guter Gesellschaft

Kurze Zeit darauf entdecke ich in der Zeitung einen Aufruf zu einem Vorsprechen. Es findet im Kolosseum an der Schönhauser Allee statt, wo zu jener Zeit Operette gespielt wird. Dort sehe ich übrigens zum erstenmal den herrlichen Rolf Ludwig in einer Rolle.

Ich melde mich und stehe wenig später auf der Bühne, vor mir der abgedunkelte Zuschauerraum, in dem ich zwei Regisseure weiß. Später erfahre ich, daß diese Regisseure Theo Popp und Albert Venohr sind. Mit Theo Popp arbeite ich später viel im Rundfunk, mit Albert Venohr beim Synchron.

Wie beim Vorsprechen allgemein üblich, höre ich nach meinem Vortrag nur das allgemein gebräuchliche »Danke, Sie bekommen Bescheid!«

Der Bescheid kommt nach zirka drei Wochen: Als Schauspieler sei ich zwar im laufenden Repertoire nicht einzusetzen, bei Interesse könne ich jedoch als Zweiter Assistent für eine Tagesgage von 15 Mark bei der Inszenierung »Die Bresche« von Lawrenjow mitwirken.

Da ich ohnehin wenig zu tun habe, nehme ich das Angebot an und gehe fortan täglich zu den Proben ins damalige Haus der Deutsch-Sowjetischen Freundschaft, dem späteren Maxim-Gorki-Theater.

Es bleibt bei Proben nie aus, daß dieser oder jener Schauspieler ausfällt und mein Einsatz gefragt ist.

Als ich wieder einmal stellvertretend auf der Bühne stehe, ist zufällig Intendant Heinz-Wolfgang Litten im Saal. Offensichtlich gefällt ihm das, was ich dort veranstalte, denn eines Tages fragt er mich urplötzlich in der Mittagspause, ob ich Schauspieler sei.

»Ja«, antworte ich.

»Na, wollen Sie mir dann nicht einmal vorsprechen«, fordert er mich auf. Natürlich erzähle ich ihm nichts von dem Vorsprechen im Kolosseum und antworte: »Ja.«

»Na dann los, wir gehen runter auf die Bühne«, setzt er sein Vorhaben sofort in die Tat um. Wenig später halte ich einen Jahresvertrag in der Hand – ich werde monatlich 650 Mark verdienen. Wie froh bin ich darüber!

Nun gehöre ich zum Ensemble der Volksbühne. Als das Theater in seine vorläufige Spielstätte Haus Vaterland am Potsdamer Platz zieht, spiele ich in dem Gegenwartsstück »Der Zimmerherr«. Es ist das erste Stück, das sich in heiter-satirischer Form mit der Hitlerzeit beschäftigt. Ein großer Erfolg: Über hundertmal geht es über die Bühne. Im Haus Vaterland inszeniert die Volksbühne noch weitere Volksstücke und Possen, bevor wir mit dem Ensemble in das ehemalige Kino in der Kastanienallee ziehen, wo sich die Volksbühne dann mit einem großen, exzellenten Spielplan einen sehr guten Namen macht. In dieser Zeit gehören u. a. auch Gerry Wolf, Horst Brasch, Albert Venohr, Ruth Pipho und Friedrich Gnaß zum Ensemble.

Und Gnaß sorgt mit seinem Hang zum Alkohol wieder einmal für Probleme. In »Lysistrata« hat er einen Boten zu spielen, doch er erscheint nicht zur Vorstellung. Wenige Minuten vor der Aufführung entscheidet Regisseur Franz Reichert entnervt, die Rolle selbst zu übernehmen. Er ist eben im Begriff, das Kostüm anzulegen, als Gnaß in die Garderobe torkelt. Als er Reichert erblickt, schreit er laut los: »Das ist mein Kostüm! Zieh mein Kostüm aus! Zieh es sofort aus!« Er wird derart laut, daß wir Angst haben, die Zuschauer würden ihn hören. Also entledigt sich Reichert flugs des Kostüms und überläßt es Gnaß.

Die Vorstellung beginnt, und fünfzehn Minuten später erscheint Gnaß auch planmäßig auf der Bühne, auf der ich mit Gerry Wolf stehe. Wir haben zwei Greise zu spielen. Das Bühnenbild ist auf eine Schräge gebaut, und wir malen uns schon mit Schrecken aus, was passiert, wenn der angetrunkene Gnaß diese Schräge betritt. Ob er wohl denkt, er stehe schief, daraufhin versucht, sich gerade zu stellen, und hinfällt? Mir spuken die schlimmsten Vorahnungen durch den Kopf, und wie ich Gerrys Blicken entnehme, ergeht es ihm nicht anders.

Gnaß betritt also die Schräge, wackelt etwas – aber er steht. Die Katastrophe kommt dennoch. Anstelle seines Textes »Ich bin ein Bote vom Rat der Stadt« lallt er »Es ist ein Bote draußen von der Staatsoper«! Dann macht er auf den Hacken kehrt und geht schnurstracks von der Bühne ab.

Wir stehen starr, uns laufen die Tränen herunter vor unterdrücktem Lachen. Es ist das erstemal, daß ich miterlebe, daß der Vorhang fallen und die Aufführung unterbrochen werden muß.

Die vorerst letzte Inszenierung der Volksbühne, an der ich mitwirke, ist die »Komödie der Irrungen« von Shakespeare, die Ernst Legal, ein Urkomödiant, übernommen hat. Legal ist damals auch Intendant der Staatstheater von Berlin. Er besetzt alle Rollen mit jungen Leuten. Die Arbeit macht uns allen sehr viel Spaß, doch dann entscheidet der Magistrat Ende der vierziger Jahre, die Bühne nicht weiter zu subventionieren. Dem Ensemble wird gekündigt, ein Teil geht ans Deutsche Theater, andere Kollegen ans damalige Schiffbauerdamm-Theater.

Ich nehme meine Rundfunk-Arbeit wieder auf spiele Kabarett mit Robert Trösch in der Kleinen Bühne. In diesem Kabarett, 1949 gegründet von Horst Heizenröther und Gisela Reissenberger, führt Robert Trösch Regie. Er, der ein großartiger Majakowski-Sprecher ist, holt mich in das aus Georgia Kullmann, Lotte Löbinger, Loni Michelis, Ferdinand Felsko und Frank Michelis bestehende Ensemble. Ein festes Haus gibt es nicht, und so findet im Sommer 1949 in einem Berliner Metallbetrieb die erste Premiere statt. Mit großer Begeisterung reagieren die Besucher auf die Texte von Böttcher, Greulich, Heizenröther und Erich Brehm. Letzterer schreibt für mich unter anderem das »Lied vom braven Tellerwäscher in den USA«.

Die Kleine Bühne gastiert lange Zeit mit einer transportablen Bühne in Berliner Betrieben. Trösch hatte mir ursprünglich lediglich angeboten, ihn zu vertreten, wenn er anderweitige Verpflichtungen hat.

Daraus ergibt sich mit der Zeit dann jedoch eine feste Mitarbeit im Ensemble. Später entsteht aus der Kleinen Bühne die Distel. Ich gehöre dann allerdings nicht mehr dazu.

1950 spiele ich bei Trösch in der Inszenierung des sowjetischen Stückes »Der Erfolg« am Deutschen Theater. Wir Schauspieler witzeln über den Titel. »Vielleicht lesen wir nach der Premiere in der Zeitung: ›Der Erfolg war keiner‹!« Doch kein Theaterkritiker kommt auf diese naheliegende Pointe.

Bei dieser Inszenierung mache ich eine wichtige Bekanntschaft: Ich lerne Willi A. Kleinau kennen, der später einer der bekanntesten Film- und Theaterschauspieler wird. Als er bei einem Verkehrsunfall ums Leben kommt, verliert die deutsche Theaterlandschaft einen großen Schauspieler.

Intendant Wolfgang Langhoff bietet mir bald schon einen Jahresvertrag an! Meine erste Rolle ist der Freddy in »Pygmalion« unter der Regie von Rudolf Nölte. Es folgt die Rolle des Richard in Langhoffs »Egmont«-Inszenierung. Davon erfahre ich kurz vor den Theaterferien. »Also habe ich Zeit zum Studium der Rolle«, denke ich mir und fahre mit meiner Familie mit Sack und Pack, Kind und Kegel, welcher Hund Teddy ist, an die Ostsee, wo wir den herrlichen Sommer des Jahres 1950 genießen. In Wustrow haben wir in einer Privatunterkunft ein winziges Zimmer mit einer Waschschüssel auf der Anrichte und fühlen uns trotz der Enge pudelwohl. Zu Essen gibt es meist Sandaale, klein wie Sprotten, die wir aus großen Schüsseln mit Haut und Gräten essen. Eine Delikatesse!

Die Kühe laufen allein vom Stall auf die Wiese, und mit Gabi hole ich jeden Tag frische Milch in einer zerbeulten Milchkanne: eine ländliche Idylle. Allein der Strandfunk ist etwas nervend. Glücklich, ohne das Textbuch auch nur einmal in die Hand zu nehmen, liege ich am Strand. Ich denke, in Berlin ist auch noch Zeit, zumal der »Richard« erst im dritten Bild auftritt.

Einen Tag vor Probenbeginn fahre ich nach Berlin zurück.

Als ich tags darauf ins Theater komme und den Probenplan sehe, erlebe ich eine böse Überraschung. »Morgen 9 Uhr: Drittes Bild, Köfer«, lese ich. Damit habe ich nun überhaupt nicht gerechnet. Ich fahre völlig entnervt und überstürzt nach Hause und versuche, über Nacht das Unmögliche zu vollbringen: meinen Monolog innerhalb weniger Stunden zu lernen.

Doch der erste Tag dieser Proben entwickelt sich zu einer wahren Katastrophe und wird einer der schlimmsten Tage meiner Laufbahn.

Langhoff merkt natürlich sofort, daß ich schlecht vorbereitet bin. Ich komme kaum dazu, ein Wort, geschweige denn einen Satz zu Ende zu sprechen, ohne daß er aus dem Zuschauerraum dazwischenbrüllt: »Was machst du denn da? Das ist ja Schauspielschule erstes Jahr! Du läufst herum wie ein Oberlehrer! Das ist ja schrecklich!«

Der mißlungene erste Probentag hängt mir über die gesamte Probenzeit wie Blei am Bein. Ein Tag, der mich derart verkrampft auf die weiteren Proben gehen läßt, daß es mir kaum noch möglich ist, der Rolle und den Regieanweisungen spielerisch zu folgen.

Das schlimmste jedoch für mich ist Langhoffs lautstark vorgebrachte Kritik aus dem Zuschauerraum vor allen Kollegen. Sonst zieht Langhoff es vor, den Schauspielern seine Kritik leise ins Ohr zu flüstern. Mir scheint in jenen Wochen, mein Engagement am Deutschen Theater werde ein schnelles Ende finden.

Doch Langhoff läßt nicht locker, und zur Premiere bekommt meine Darstellung sogar ein Sonderlob von ihm.

Dennoch erkennen die Kollegen an meinem Spiel sofort, ob Langhoff in seiner Loge sitzt oder nicht. Diesen »Angstkrampf« werde ich so schnell nicht los.

Unter Langhoffs Führung fahren wir eines Tages gemeinsam auf den Ku'damm und demonstrieren für die Ächtung der Atombombe. Als wir Flugblätter verteilen, taucht urplötzlich die Polizei auf und verhaftet uns. Wenige Meter von mir entfernt wird Robert Havemann, später einer der wenigen DDR-Regimekritiker, verhaftet. Da ich ein Transparent mit mir führe, was offensichtlich als besonders schweres Verbrechen eingestuft wird, lande ich in einer Zelle des Reviers Meinekestraße.

Was soll ich tun? Ich habe am Abend im Deutschen Theater Vorstellung und anschließend noch in den Kammerspielen. Langhoff setzt alle Hebel in Bewegung, wie ich später erfahre, um mich aus dem Revier in der Meinekestraße zu holen. Er schafft es gerade noch rechtzeitig – am Abend stehe ich auf der Bühne!

Im Deutschen Theater lerne ich schließlich einen Mann kennen, dessen Name mir schon durch viele Inszenierungen in Ost und West ein Begriff ist: Curt Bois. Er hat am »DT« schon jahrelang einen festen Vertrag als Schauspieler, spielt aber auch bei Brecht.

100

Nun soll er an unserem Haus seine erste Regiearbeit übernehmen, ein Berliner Volksstück mit dem Titel »Polterabend«, geschrieben von Werner Bernhardy, dessen Vater ich zu verdanken habe, daß ich ohne Prüfung ans Theater nach Brieg kam, anstatt eingezogen zu werden. Werner Bernhardy wird später viele Kabarett-Texte für Unterhaltungssendungen des DDR-Fernsehens schreiben.

Curt Bois bestellt sich einige Schauspieler ins Sekretariat und wählt mich für die Rolle eines Fotografen aus, der in einer winzigen Szene nichts anderes zu tun hat, als ein Familienfoto der Hauptakteure zu schießen. Als Requisit erhalte ich einen Fotoapparat mit Stativ. Die Rolle hat kaum Text und besteht zum großen Teil aus Pantomime. Bois nimmt mich nach der Probe zur Seite und meint: »Herbert, das hat mir gefallen. Weißt du was, du bekommst eine andere Rolle!«

Er überträgt mir die Darstellung des »Rittmeister von Blödzow«, Adjutant eines Generals, der eigentlich die ganze Zeit über nur neben dem General herlaufen muß und ständig Luft holend zu Wort kommen will. Doch der General hebt immer wieder gebieterisch die Hand und meint: »Ja, ja, ich weiß schon, Blödzow.« Erst am Ende des zweiten Akts komme ich zum Sprechen, und da stellt sich zum Gaudi der Zuschauer heraus, daß dieser Blödzow einen entsetzlichen Sprachfehler hat. Für die Komik dieser Rolle gibt es einen Riesenapplaus.

Von dieser Arbeit an verbindet mich mit Bois eine kollegiale Freundschaft. Ich bewundere ihn als Schauspieler, schätze ihn als Mensch.

Auch nach dieser Inszenierung kommen wir noch sehr oft zusammen, weil Bois einen DEFA-Film nach diesem Stück inszeniert. Ich spiele die gleiche Rolle, doch der Film wird der grandioseste Reinfall, den ich je erlebe. Dazu trage ich natürlich bei, denn Bois hat es zu gut gemeint: Er baut meine Rolle aus, macht sie zu einer der Hauptrollen. Nun muß ich ständig mit diesem entsetzlichen Sprachfehler agieren, was nun für die Zuschauer glattweg eine Zumutung ist. Es ist einfach kein Gag mehr. Dazu überfrachtet Bois die gesamte Handlung mit sicher gut gemeinten und – einzeln betrachtet auch komischen – Slapstick-Einlagen. Doch eine durchgehende Handlung ist so eben nicht mehr möglich. Der Theatererfolg wird im Kino ein Flop.

Es bleibt die einzige Regie, die Bois jemals im Osten führt. Später siedelt er nach Westberlin über, allerdings sehen wir uns oft beim Pferderennen in Hoppegarten, wo Bois noch viele Jahre eine eigene Loge hält. Jahrzehnte später, kurz vor seinem Tod, treffe ich ihn dort ein letztes Mal. »Köfer, he, wie geht's dir«, ruft er mir zu, und als er vor mir steht, will er mir etwas erzählen. »Herbert, ich habe . . .«, beginnt er, sieht mich nachdenklich an. »Herbert, ich habe gestern . . .«, beginnt er erneut, bricht jedoch wieder mitten im Satz ab. »Siehst du, Herbert, jetzt könnte ich einen Souffleur brauchen«, übergeht er schließlich mit einem Scherz die schmerzliche Tatsache, daß sein Gedächtnis ihn zunehmend im Stich läßt.

Wenige Wochen später erfahre ich aus der Zeitung von seinem Tod.

Durch meine regelmäßige Arbeit als Rundfunksprecher habe ich Kontakt zu einer Abteilung des
Staatlichen Rundfunkkomitees der DDR bekommen,
die sich mit der Einführung des neuen Mediums
Fernsehen beschäftigt. Noch laufen hier viele Versuche, an denen ich mich sehr gern beteilige. Ich spreche »unter Bild«, bessere damit meine Gage noch etwas auf.

1952 fragt dann das Staatliche Rundfunkkomitee
an, ob ich Lust hätte, fest beim neuzugründenden
Fernsehzentrum Berlin mitzuwirken.

Selbstverständlich reizt mich diese Aufgabe sehr.
Doch wie soll ich das mit meinem Engagement am
Deutschen Theater vereinbaren? Ich verabrede
einen Termin mit Langhoff und bitte ihn um Entlassung aus meinem Vertrag. Langhoff zeigt Verständnis für mein Anliegen.

Es gibt also keine Schwierigkeiten: Im gegenseiti-
gen Einvernehmen trennen wir uns. Schwer ist mir
diese Entscheidung nicht gefallen – trotz der Verbes-
serung meines Verhältnisses zu Langhoff bin ich das
Gefühl nie losgeworden, daß die »Egmont«-Panne
ein Hindernis für meine Karriere unter seiner Intendanz war. Langhoff jedoch gibt mir in unserem Gespräch zu verstehen, er trenne sich nur ungern von
mir. Aus mir könne noch was werden, es wären gute
Ansatzpunkte vorhanden. Er stellt schließlich nur
eine Bedingung: Ich muß in den laufenden Inszenierungen meine Rollen bis zum Ende der Spielzeit wei-
terspielen.

10. Im Rausch der Bilder

Am 1. Oktober 1952 beginnt mein fester Vertrag beim Fernsehzentrum Berlin in Adlershof. Die erste öffentliche Sendung geht am 21. Dezember über den Sender. Die Schauspielerin Margit Schaumäker, ebenfalls aus dem Ensemble des Deutschen Theaters, begrüßt die Zuschauer mit den Worten: »Hier ist das Versuchsprogramm des Fernsehzentrums Berlin.« Mit uns beiden sitzt Chefregisseur Gottfried Hermann im Studio, der spätere Intendant des Friedrichstadtpalasts, der ein Gedicht vorzutragen hat, und Intendant Hermann Zilles. Mit einer kurzen Rede wendet sich der Intendant an die Zuschauer.

Das Studio ist ein größeres Berliner Zimmer, in dem ein halbrunder Tisch mit eingebauten Monitoren steht, davor drei Stühle und dahinter eine festinstallierte Kamera, die nicht mehr kann, als von links nach rechts schwenken.

Meine Aufgabe ist es, die erste Nachrichtensendung zu sprechen. Ihr Name vom ersten Tag an: »Aktuelle Kamera«!

Im Studio herrscht eine mörderische Hitze, die Temperatur pendelt zwischen 40 und 60 Grad Celsius. Gesendet wird vorerst lediglich in der Zeit von 20 bis 21 Uhr. Zuschauer gibt es unseres Wissens kaum.

Im Privathaushalten sind Fernsehgeräte bis jetzt nur wenig verbreitet, denn der Beginn des Verkaufs von Fernsehempfängern ist vom Ministerrat auf den 16. November 1952 festgelegt worden. Mit Sicherheit findet der Verkauf vorerst nur an ausgewählte Personen statt.

Einen richtigen Zuschauer haben wir allerdings. Er ist ein Ingenieur, der beruflich in der Sowjetunion zu tun hatte und sich von dort einen Fernseher mitgebracht hat. Er ruft jeden Abend bei uns an und teilt uns seine Meinung zum ausgestrahlten Programm mit. Klingelt einmal das Telefon nicht, rufen wir an und fragen, ob er krank sei.

Doch auch in Adlershof haben wir Zuschauer – mitunter begleiten uns unsere Familien zur Sendung. Sie können sich in der Kaffeestube ansehen, was wir da im Studio treiben.

Ich bin nun fast täglich auf Sendung. Und das mit großer Freude, denn zum einen kann ich meine Erfahrungen von Bühne, Funk und Film einbringen, zum anderen lerne ich viel dazu. Anfang 1953 moderiere ich meine erste Rätselsendung – die allererste aus Adlershof! Es gibt drei Preise zu gewinnen, und ich freue mich, daß unser treuer Anrufer den ersten Preis ergattert. Den zweiten und dritten Preis allerdings kann ich nicht vergeben – es hat kein Zuschauer außer ihm geschrieben!

Die meisten meiner Schauspielerkollegen lachen über unsere Arbeit beim Fernsehen. Es ist ein Gang in die Anonymität, denn die Schar der Zuschauer ist ja verschwindend gering. Und davon, wie sich das Fernsehen entwickeln wird und wie populär wir Fernsehleute werden, davon ist damals noch nichts zu ahnen. Und so muß ich mir oft anhören, wie Kollegen sagen: »Da macht der Herbert nun täglich Fernsehen, und keiner sieht ihn!«

Trotzdem habe ich in jener Zeit den Mut, mit meiner Familie aus dem kleinen Haus in Dreilinden in ein großes Haus in Kleinmachnow umzuziehen. Ich lebe weit über meine Verhältnisse, denn dieses Haus hat ein Swimmingpool, einen Kamin und neun Zimmer! Fast alle Zimmer stehen leer, denn wir haben so gut wie keine Möbel. Wir kaufen hier und da ein paar Stühle, einen Tisch und einen Schrank. In dieser Zeit gibt es noch eine andere Möglichkeit, billig an Möbel und Inventar zu kommen: Viele Mediziner und auch Angehörige der technischen Intelligenz gehen in den Westen. Ihre Häuser werden versiegelt, nach acht Tagen hängt ein Zettel an der Haustür mit dem Datum des »Öffentlichen Verkaufstages«.

An diesem Tag wird sämtliches Inventar verscherbelt – waschkörbeweise wertvolles Porzellan, Bücher nach Kilopreis, Bilder nach Meterzahl. Traudel und ich erwerben auf diese Art zwei Stühle, die aussehen, als wären sie aus Sanssouci. Doch die Art und Weise dieses Ausverkaufs hinterläßt ein ungutes Gefühl bei uns, und wir gehen nie wieder zu einem »Öffentlichen Verkaufstag«. Wir sagen uns auch, was sollen wir uns jetzt so viel anschaffen, es wird ja doch wieder alles kaputtgeschlagen, es gibt sowieso irgendwann wieder Krieg.

Vielleicht auch aus diesem Grund sitzen wir fast täglich mit unseren Freunden in gemütlicher Runde.

Die 189 Mark Miete für das Haus und die sonstigen laufenden Kosten kann ich gerade so aufbringen, und ab und zu reicht es sogar für eine Flasche und Zigaretten.

Keiner besitzt viel, aber vielleicht sind wir gerade deshalb so vergnügt.

Wir, das sind der Schriftsteller Herbert Otto und seine spätere Frau Elfie, der aus Australien in die DDR übersiedelte Schriftsteller Walter Kaufmann und seine spätere Frau, die Schauspielerin Angela Brunner, Schauspielerin Irene Korb und ihr Mann Hans-Erich Korbschmitt, der als Regisseur in Dresden und am Potsdamer Theater arbeitet.

Bereits 1951 spielte ich in einer seiner Inszenierungen »Komödie der Irrungen« in Potsdam, in der auch Irene Korb und Agnes Kraus mitwirkten. Agnes Kraus spielte in diesem Stück die Kurtisane und kam damals jeden Tag mit einer anderen Haarfarbe – mal rot, mal grün, mal blau. Eine Horde johlender Kinder rannte ihr immer hinterher . . .

Nach einem dieser Theaterabende, in einer kalten Winternacht jenes Jahres, wurde ich auf unsanfte Weise an das Horoskop erinnert, welches die beiden schrulligen Berliner Wirtinnen, bei denen meine Eltern wohnen, mir vor ein paar Jahren aufgestellt hatten: Hans-Erich Korbschmitt nimmt mich täglich nach der Vorstellung mit dem Auto nach Kleinmachnow mit. An einem bitterkalten Januarabend kommt das Auto durch Glatteis ins Schleudern, dreht sich mehrmals um seine eigene Achse, das Ganze geht in Sekundenschnelle vor sich und endet schließlich vor einem Baum. Ich klettere vorsichtig aus dem Auto und taste all meine Gliedmaßen der Reihe nach ab. Welch ein Glück, stelle ich fest – ich bin noch vollständig; es ist nichts passiert. In diesem Augenblick fällt mir das Horoskop der beiden alten Damen ein. Ich habe es damals unbeachtet in einen Schrank gelegt. Mal sehen, ob ich es noch finde, denke ich und krame sofort nach meiner Rückkehr danach. Als ich es schließlich in meinen Händen halte, kann ich kaum glauben, was da steht: Für Januar 1951 finde ich den Eintrag »Achtung vor Verkehrsunfällen!«

Das Ganze ist mir unheimlich. Schnell verbrenne ich das Horoskop.

Da ich Hans-Erich Korbschmitt, der gerade am Leipziger Theater den »Geizigen« von Molière inszeniert hat, sehr schätze und bei uns gerade das Studio 1 fertig geworden ist, mache ich Chefregisseur Hermann den Vorschlag, den »Geizigen« von Korbschmitt für das Fernsehen bearbeiten zu lassen.

So entsteht eine Aufführung, die es meiner Meinung nach verdient, in die Annalen der Fernsehgeschichte einzugehen. Den »Geizigen« spielt Siegfried Weiß. Das Stück wird live gesendet. Nur eine Kamera steht zur Verfügung. In dem ziemlich kleinen Studio kann kaum Dekoration aufgebaut werden. Eine Wendeltreppe gibt die Möglichkeit, einen Dekorationswechsel vorzutäuschen. Ab- und überblenden kann man nicht, da ja nur eine Kamera vorhanden ist. Der Szenenwechsel wird von den Schauspielern vorgenommen, indem sie mit ihrem Körper das Objektiv abdecken und damit die Kamera in die nächste Szene oder den nächsten Akt führen. Eine Stunde und zwanzig Minuten dauert das Stück. Die Kamera ist sehr nah und immer am Brennpunkt des Geschehens. Dadurch entsteht eine sehr dichte, spannungsreiche Inszenierung.

Später, als das Studio 4 fertig ist, wird der »Geizige« noch einmal mit vier Kameras inszeniert. Doch trotzdem – die Qualität der ersten Sendung wird meiner Meinung nach nicht erreicht.

Am 17. Juni 1953 muß ich erst am Abend meinen Dienst antreten, und so will ich die Gelegenheit nutzen, für meinen Andreas ein Spielzeugauto in Potsdam abzuholen. Eigentlich sollte der Kleine das Spielzeug bereits zu seinem vierten Geburtstag am 17. März bekommen, doch damals war es einfach nicht möglich. Nun haben wir vom Geschäft die Nachricht erhalten, daß die Ware endlich eingetroffen ist.

Doch wir stehen umsonst auf dem S-Bahnhof Dreilinden, kein Zug kommt an, keiner fährt ab. Nach einer Weile entschließen wir uns, nun doch mit einer Taxe nach Potsdam zu fahren. »Muß das denn sein«, schimpft Traudel, »da wird doch die ganze Fahrt teurer als das Spielzeugauto!«

»Jetzt habe ich mir das vorgenommen, Andreas soll endlich sein Geburtstagsgeschenk bekommen«, entscheide ich.

Auf der Rückfahrt von Potsdam bleiben wir plötzlich in einem Stau stecken – etwas für diese Zeit völlig Ungewöhnliches. Schließlich gibt es kaum Privatfahrzeuge.

Jetzt rollt allerdings zwischen Babelsberg und Stahnsdorf eine unübersehbare Kolonne russischer Panzer und Mannschaftswagen. Der Taxifahrer fährt schimpfend und völlig entnervt rechts in einen Waldweg. »Nun haben wir geglaubt, der Krieg ist endlich vorbei, und jetzt geht's wieder los!« Unser Chauffeur flucht lauthals. Die Panzer donnern an uns vorbei. Andreas schmiegt sich ängstlich an Traudel, ich bin still. »Was wird das wieder zu bedeuten haben«, denke ich, versuche mich jedoch zu beruhigen, indem ich mir das alles mit einem Manöver erkläre. Gleichzeitig habe ich jedoch ein sehr ungutes Gefühl im Magen. Wir alle im Taxi werden still und spüren die drohende Gefahr.

Es soll sich bald bestätigen, daß unsere Angst nicht unbegründet war. Zu Hause angekommen, schalten wir das Radio ein. Doch anstatt der üblichen Unterhaltungsmagazine gibt es sich überschlagende Meldungen. Die Westsender sprechen von einem »Aufstand der gepeinigten Menschen im Osten«, die Ostsender berichten von Unruhen durch »von Westsendern aufgeputschte konterrevolutionäre Elemente«.

Was geht wirklich vor? Was stimmt?

Wie verhalte ich mich nun selbst? Versuche ich, nach Berlin zu kommen und meine Arbeit anzutreten, oder ist es besser, zu Hause zu bleiben?

Die Umstände erleichtern es mir, mich für die bequemere Variante zu entscheiden. Es gibt keine Möglichkeit, nach Berlin zu kommen. Verkehrsmittel fahren nicht, ein Auto habe ich noch nicht. Also gäbe es nur die Möglichkeit, mit dem Fahrrad nach Berlin zu fahren oder zu laufen. Beide Möglichkeiten kommen aufgrund der Entfernung nicht in Frage. Ich beziehe also Posten am Radio und verfolge das Geschehen vom sicheren Wohnzimmer aus.

Ich höre, daß die russischen Panzer weiterrollen, der Ausnahmezustand verhängt wird – also kein Theater, kein Kino, keine Veranstaltung mehr –, höre von der Zerstörung des Potsdamer Platzes, dem brennenden Haus Vaterland. Das ist unvorstellbar!

Ob es richtig war, sich an jenem Tag hinter dem Radio zu verstecken, das frage ich mich allerdings noch heute.

Ende 1953 erfahre ich, daß man den Kfz-Fuhrpark im Fernsehen auffrischt und aus diesem Grund alte Fahrzeuge in private Hand gibt, wenn ein Antrag gestellt wird. Das lasse ich mir nicht zweimal sagen: Vier Wochen später bin ich stolzer Besitzer eines PKW DKW F 8. Das erste Auto – für 1800 Mark! Wer weiß heute noch, wie solch ein Kraftfahrzeug aussah?! Es ist weniger Blech als Holz daran zu finden. Wenn man die Richtung wechseln will, muß man einen Hebel betätigen, der dann einen Richtungsanzeiger direkt neben dem Fenster ausfährt. Manchmal klappt das bei meinem Auto. Wenn nicht, muß ich mit dem Arm anzeigen, in welche Richtung ich fahren will. Das heißt: Fenster herunterkurbeln, Arm heraushalten, abbiegen.

Die Höchstgeschwindigkeit meines Autos liegt bei 65 Kilometern in der Stunde, ziemlich schnell für das Vehikel.

Der folgende Tag gehört zu den glücklichsten meines Lebens: Wir sind mit dem Auto auf dem Weg zur Ostsee. Die Polizei stoppt mich bei einer Geschwindigkeitskontrolle. 60 Kilometer in der Stunde sind erlaubt, ich werde mit 80 km/h gestoppt, wie mir streng mitgeteilt wird. Der Polizist muß mich für einen aus der Anstalt Entlaufenen gehalten haben, als ich immer wieder sage: »80 bin ich gefahren, 80! Danke, danke! Hier sind die 20 Mark! Das ist ja wunderbar!«

In dieser Zeit wird beim Fernsehen ein größeres Studio, zirka viermal so groß wie das alte, eingeweiht. Mit meinem Kollegen, dem Schauspieler Gerhard Wollner, arbeite ich fortan bei allen Unterhaltungsprogrammen zusammen. Wir produzieren die ersten Artistensendungen, führen als Komikerpaar durch die Sendungen. Geschrieben werden die Szenen von Werner Bernhardy und inszeniert werden die »Unterhaltungshows« des DFF von Bruno Kleeberg, Günter Puppe und Inge von Wangenheim, die eigentlich im dramatischen Fach zu Hause ist und sich dort schon einen guten Namen gemacht hat. Nun hat es sich diese engagierte und kluge Frau zur Aufgabe gemacht, die Unterhaltung im ostdeutschen Fernsehen anzukurbeln. Sie hat tolle Ideen, vergißt aber auch nie, ihre Kollegen in die Vorbereitung der Sendungen einzubeziehen. Unsere Arbeit macht großen Spaß, und bald werden aus Adlershof bereits 90minütige heitere Sendungen übertragen. Wir lassen uns auch kleine Handlungen einfallen, die wir in die Nummernprogramme einbauen, um dem Ganzen einen besseren Rahmen geben.

Wir nennen unsere Sendung »Fernsehkarussell«.

Silvester 1953 gibt es eine weitere Premiere im Studio 1 von Adlershof: Die erste Silvesterrevue des DFF wird übertragen. Gerhard Wollner führt mit mir durchs Programm. Das schönste daran ist: Wir haben keine festgelegten Texte! In dem kleinen Studio

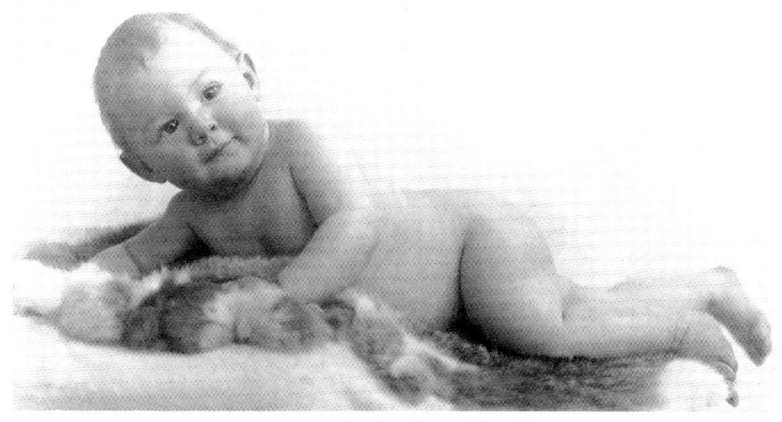

1 Noch nicht einmal ein Jahr alt und schon in perfekter Pose

2 Mein erster Schultag am 1. 4. 1927

3 Mutter und ich vor Vaters Postkartenstand

4 Meine allererste Bühnenrolle:
   als »Katte« in dem gleichnamigen Stück von Hermann Burte

5 1941 als junger Soldat

6 Mit Karin Himbold in »Die weiße
Weste« unter der Regie von
Vicktor de Kowa

7 »Der Erfolg« im Deutschen
Theater mit Amy Frank an meiner Seite

8 An der Volksbühne mit Ruth Piepho in Shakespeares »Komödie der Irrungen«

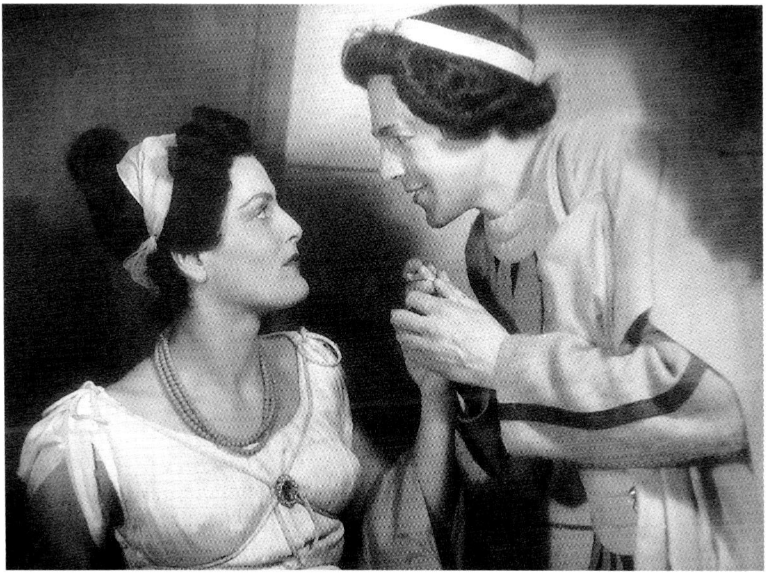

9 *Gut aufgehoben im Distel-Ensemble der fünfziger Jahre: Ellen Tiedtke, Heinz Draehn, Hanna Donner, Rudi Hillberg, Gerd E. Schäfer, Ingrid Ohlenschläger, Gustav Müller und Gina Presgott*

10 Als Rittmeister von
Blödzow in dem Berliner
Volksstück
»Polterabend«

11 Das »Fernsehkarussell«
dreht sich nicht ohne
uns: mit meinem
langjährigen Partner
Gerhard Wollner

12 Mit Armin Mueller-Stahl in der Fallada-Verfilmung »Wolf unter Wölfen«

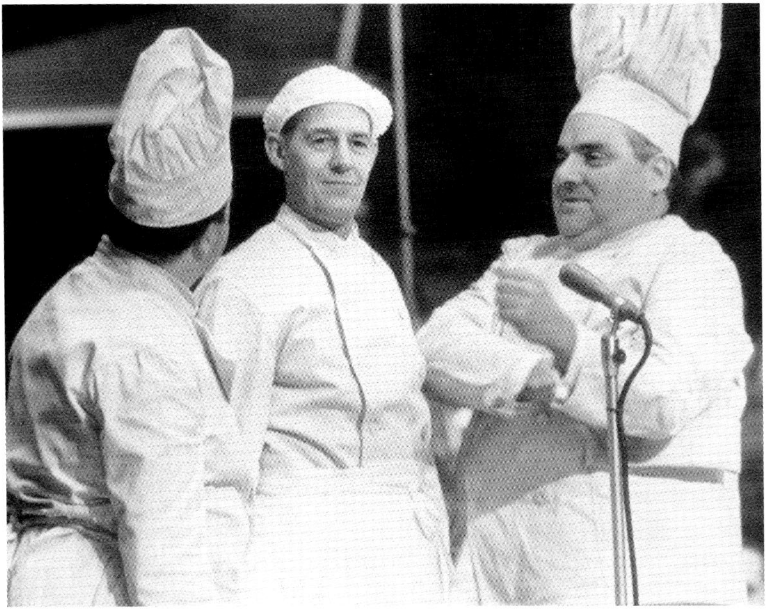

13 »Da lacht der Bär« und mit uns das Publikum: in der beliebten Unterhaltungsserie
zusammen mit Gustav Müller und Heinz Quermann

14 Ich stelle in- und ausländische Filmproduktionen vor: Achtung, »Hauptfilm läuft«!

15 »Hände hoch, oder ich schieße!«
– wenn es sein muß auch mit
Messer und Gabel

16 Als Hauptsturmführer Kluttig in
»Nackt unter Wölfen«

17 Als tatteriger Greis in dem Schwank »Reizende Ferien«. An meiner Seite spielt
Hanna Rieger

*18/19   Meine erste Frau, die »schwarze Traudel«, und unsere gemeinsamen Kinder
Gabriele und Andreas*

*20/21   Meine zweite Ehefrau Ute
Boeden und unsere Tochter
Mirjam*

22 Hoch zu Roß in dem heiteren DEFA-Film »Jungfer, Sie gefällt mir«

23 »Androklus und der Löwe« – Bei mir werden selbst die stärksten Tiere schwach

24 Im Kreis meiner Rundfunkfamilie »Neumann 2x klingeln«: Helga Göring, Helga Piur, Mario Müller und Brigitte Krause

25 Wir sind ein tolles Gespann: mit Helga Göring in der populären Fernsehserie »Rentner haben niemals Zeit«

26   Bei der »Nacht der Prominenten« mit Gerd E. Schäfer – Lachen garantiert!

27 Mein erster Auftritt nach der Wende im Westen: Mit Brigitte Grothum spiele ich im Hansa Theater den »Rosenemil«

28 *Beim gemeinsamen Bummel mit Harald Juhnke durchs Nikolaiviertel im Zentrum Berlins*

29 *Spätestens jetzt kennt man mich auch im Westen: mit Sigmar Solbach, Loni von Friedel und Michael Degen in der Fernsehserie »Auto Fritze«*

30 Sie halten mich jung – und manchmal auch auf Trab: Mirjam, Geertje und unser
Hund Maggy

31 Die gemeinsamen Stunden mit meiner Lebensgefährtin Heike Knoché genieße ich
sehr

32   *Ich blicke optimistisch in die Zukunft: Ab Mai 1995 bin ich in der ZDF-Serie*
      »Aber ehrlich« zu sehen

drängen sich zirka 50 Mitwirkende, Künstler und Kleindarsteller. Es herrscht ein heilloses Durcheinander. Der Aufnahmeleiter bewegt sich auf dem Boden kriechend zu uns und gibt uns die Anweisungen. Den ganzen Abend über müssen wir mit einer Sektflasche in der Hand durch den Saal laufen und nach einem Korkenzieher fragen. Trotz dieses nicht eben genialen Einfalls wird die Sendung zu einem großen Erfolg. Mit dabei sind Stars jener Zeit, wie die Geschwister Donzow, Hugo Meyer-Gensbach und Hans Hick. Sogar ein Ballett wird ins Studio geholt! Ich habe die Ehre, das erstemal im Deutschen Fernsehfunk ein neues Jahr zu begrüßen. Doch Streß und Aufregung haben ihre Spuren hinterlassen. Freudestrahlend schmettere ich ins Mikrofon: »Ich wünsche Ihnen allen ein gutes Jahr 1953!« Doch die Panne ist zu verschmerzen. Unsere paar hundert Zuschauer sind offenbar so guter Laune, daß sie die falsche Jahreszahl überhört haben. Auch der Regisseur beruhigt sich ungewöhnlich schnell. Von nun an gibt es jedes Jahr eine Silvesterrevue aus Adlershof. Später oft in Kulturhäusern anderer Städte aufgezeichnet.

Kurz vor dieser ersten DFF-Silvesterparty hat die erste Übertragung eines heiteren Stückes stattgefunden. Im Theatersaal Adlershof wurde das Stück »Taillenweite 68« aufgeführt, inszeniert von Inge von Wangenheim. Der Theatersaal soll jedoch ein düsteres Kapitel DFF-Geschichte werden. Mit viel Aufwand und hohen Investitionen gebaut, verfügt er nicht über die technischen Voraussetzungen für Theateraufführungen. Er ist das Paradebeispiels eines Baus, der nach Wunschvorstellungen von Ahnungslosen und ohne angemessene Berücksichtigung von künstlerischen Anforderungen entstanden ist. Die Fachleute wurden nicht gefragt! Und so finden dort nur wenige Inszenierungen statt, bis die Feuerwehr den Zuschauerraum absperrt, weil keine Sprenkleranlage eingebaut ist. Wenig später werden die Sitzreihen herausgerissen und der Saal zum Studio für die »Aktuelle Kamera« umgebaut. Aus dem Foyer wird die Kaffeestube des DFF, im Rang entstehen Büros . . .

Die Unterhaltungssendungen aus Adlershof erfreuen sich immer größerer Beliebtheit bei unserer ständig wachsenden Zuschauerschar. Das Fernsehen entwickelt sich für DDR-Verhältnisse in einem rasanten Tempo zu einem Massenmedium, bald steht in jedem Haus ein Fernseher, vor dem sich oftmals die gesamte Hausgemeinschaft versammelt. Noch Jahrzehnte später werde ich in Gesprächen an jene Zeit erinnert, und nicht selten äußern dann meine Gesprächspartner wehmütig, das sei doch die »schönste Zeit gewesen, denn damals hat man noch miteinander gesprochen, hat sich beim gemeinsamen Fernsehen ausgetauscht«.

In den ersten Jahren gibt es Fernsehapparate nur über Anmeldung. Bei den glücklichen Fernsehapparat-Besitzern treffen sich die Nachbarn mit Kind und Kegel. Stühle werden in Reihen vor den Fernseher gestellt. Man sitzt wie im Kino.

Noch schlimmer wird es, als die ersten Farbfernseher auftauchen. Zwei pfiffige Leute, die sich zu helfen wissen, haben eine Idee:

114

Heinz Adameck, der Intendant des Deutschen Fernsehfunks, hat ein neues Farbfernsehgerät zu Hause. Eines Tages, er ist im Dienst, hält ein Lieferwagen vor seinem Haus, und zwei junge Männer in blauen Kitteln klingeln bei seiner Frau und sagen: »Schöne Grüße von Ihrem Mann. Wir müssen den Fernseher abholen, es muß ein neues Teil eingebaut werden.« Sie tragen das Gerät fachgerecht hinaus. Als Heinz Adamek nach Hause kommt, steht er fassungslos vor dem leeren Platz. Woher die beiden Männer kamen, ist nicht mehr herauszufinden. Der Fernseher bleibt verschwunden.

Diese Anekdote macht schnell die Runde und wird lachend erzählt, natürlich von Tag zu Tag länger und bunter.

Mitte der 50er Jahre aber sehen wir noch Schwarzweiß. Das Fernsehen steckt noch in den Kinderschuhen – in jeder Hinsicht!

Täglich läuft in der Zeit von 14 bis 17 Uhr eine Sendung »Zum Einstellen der Geräte«. Sie ist vor allem für die Verkaufsstellen gedacht, die damit vor den Augen der Käufer die Fernsehgeräte einstellen können. Filme werden ständig wiederholt, da kaum Filmmaterial vorhanden ist. Der sowjetische Film »Der 15jährige Kapitän« läuft beispielsweise mehrmals in der Woche. Zuschauer schreiben mir daraufhin einen Brief, teilen mir mit, daß sie sich immer nachmittags die Sendung »Zum Einstellen der Geräte« ansehen und sicher schon an die dreißigmal den »15jährigen Kapitän« gesehen hätten. Das störe sie jedoch nicht weiter. Sie stellen den Ton ab und sprechen die Texte mit verteilten Rollen mit. Inzwischen können alle Familienmitglieder die Texte auswendig. Das Synchronisieren macht ihnen riesigen Spaß.

Alle Produktionen des Adlershofer Fernsehsenders werden in dieser Zeit direkt übertragen. Es gibt schließlich noch kein Video und also auch nichts, was korrigierbar wäre. Diese Tatsache treibt manchem »Macher« schon mal den Angstschweiß auf die Stirn. In den Kultursälen der Republik zieht ein junger Radiosprecher und Conférencier die Aufmerksamkeit auf sich. Vor die Kamera ist er noch nicht getreten. Mit seinen frechen Texten, die er auf der Bühne zum besten gibt, wäre das auch nicht möglich. »Ich bin viel zu dick und passe nicht auf die Mattscheibe«, sagt er. Sein Name: Heinz Quermann!

Am Himmelfahrtstag 1954 spielen wir ein heiteres Stück: »Wehe, wenn sie losgelassen«. Autor: Heinz Quermann. Es wird die erste Premiere in unserem neuen Studio, und sie ist gleichzeitig auch der Start für seine erfolgreiche Karriere in der DDR-Unterhaltung.

Das TV-Gelände in Berlin-Adlershof wächst unaufhaltsam. Ein Tag des Rundfunks und des Fernsehens wird eingeführt. An einem solchen Tag fahren Gerhard Wollner und ich als Stargäste nach Thüringen.

Wir steigen in Suhl aus dem Auto, und eine Menschenmenge stürmt auf uns zu. Wir fühlen uns sehr geschmeichelt. »Sind Sie vom Fernsehen?« werden wir gefragt.

Nach unserem »Ja« wird es noch schlimmer, die Unruhe steigt. »Wenn Sie von der Technik sind, müssen Sie es doch wissen!«

»Ja, was denn?« fragen wir ahnungslos.

»Na, ob Frankenfeld kommt!«

Damit ist der Tag gelaufen. Wir sehen uns verdutzt an. Wenig später bekommen wir eine ganz einfache Erklärung dafür, warum man uns in Suhl nicht erkannte: Suhl kann zu dieser Zeit nur Westfernsehen empfangen, weil die für den Ostsender notwendige Relaisstation noch nicht vorhanden ist.

Mit unserem Bekanntheitsgrad ist das überhaupt so eine Sache. Eines Tages werde ich in Adlershof zum Leiter der dramatischen Kunst bestellt. Im Vorzimmer sitzt eine neue, hübsche Sekretärin.

»Ich bin bestellt«, sage ich.

»Was heißt, Sie sind bestellt? Wer sind Sie denn? Wie heißen Sie?«

Aus etwas gekränkter Eitelkeit darüber, daß man im eigenen Betrieb nicht weiß, wer ich bin, antworte ich: »Mein Name ist Hans-Joachim Kuhlenkampf!«

Darauf antwortet sie: »Nee, der sind Sie nicht, den kenne ich!«

1955 wird das Studio 4 mit einer Inszenierung der Operette »Frau Luna« eingeweiht, die extra für das Fernsehen eingerichtet wird. Regie: Hans-Joachim Hildebrandt und Hans-Erich Korbschmitt. Wenige Wochen darauf, am 3. Januar 1956, endet das »Versuchsprogramm«, der Deutsche Fernsehfunk nimmt sein reguläres Programm auf. Am 31. März werde ich Augenzeuge der ersten Live-Reportage des DFF vom Gelände der Leipziger Frühjahrsmesse. Zum allererstenmal taucht ein Mann auf dem Bildschirm auf, der viele Jahre zu den beliebtesten Unterhaltungskünstlern der DDR gehören wird: Fred Frohberg.

11. Kleinkunst – ganz groß!

Neben meiner Fernseharbeit spiele ich weiterhin Karabett. Mit Gerhard Wollner stehe ich jeden Abend auf der Bühne des Palastbrettls, das im Keller des Friedrichstadtpalasts eingerichtet wurde. Vor allem die Intellektuellen sollen wir mit unserem Kabarettprogramm gewinnen, das um 22.30 Uhr beginnt. Was vom Palastbrettl, dem ersten Nachtkabarett in der DDR, erwartet wird, ist anspruchsvolles Kabarett, das die Zuschauer bei einem Glas Wein unterhalten und anregen soll. Und weil es gerade in Westberlin eine starke Kabarett-Konkurrenz gibt, die ja nicht zensiert wird, genehmigt man uns sogar ungewöhnlich »scharfe« Texte. Es ist offensichtlich, daß das Palastbrettl auch als eine Art Ventil dienen soll – die Texte sollen noch frecher als in der Distel sein, mit dem »Brettl« soll es möglich sein, etwas Dampf abzulassen. Heilige Kühe werden geschlachtet. Man setzt sich satirisch mit Werken von sozialistischen Künstlern auseinander. Selbst vor Kuba, Becher und Eisler macht man nicht halt. Vom zweiten Programm an, »Berlin im Hemd«, bin ich dabei.

Das Kabarett hat anfangs sehr großen Erfolg. Vor allem Texte von Hans-Georg Stengel sorgen beim Publikum für Furore, denn derart Angriffslustiges hat man im Osten seit langem nicht gehört. Für mich schreibt Stengel ein Solo mit dem Titel »Man müßte mal ans ›Neue Deutschland‹ schreiben«.

Stengels Texte sind zu gewagt, und so läßt der Ärger nicht lange auf sich warten. Die Kabarettleitung muß ja alle Unterlagen bei der SED-Bezirksleitung zur Überprüfung einreichen, und mein Solo kommt prompt als »gestrichen« zurück. Aber unser Regisseur Jochen Gürtner und der Autor Kurt Zimmermann, Direktor des Palastbrettls, geben nicht nach. Immer und immer wieder rennt Jochen Gürtner zur Bezirksleitung. Er, der absolut unpolitisch ist, schafft es mit seinem Temperament, die Verantwortlichen weichzuklopfen. Ausschlaggebend ist vielleicht sein Argument: »Aber der Köfer hat doch so eine positive Ausstrahlung, da kann doch gar nichts passieren!«

Und so singe ich zur Premiere:

»Berlin im Hemd,
da liegt man in den Betten
und träumt von einer Reise um die Welt,
von Leuchtreklamen und von fremden Städten,
wo nicht die Linie 74 hält.
Man muß mal raus –
und 3–4 Wochen bleiben,
nicht als Minister,
nein, als Mensch an sich.
Man müßte mal ans ›Neue Deutschland‹
schreiben
– ach nee, die Frage steht ja wohl
noch nicht.«

Weiter geht es mit Texten wie »Man will nicht immer

nur vom Streik im Westen hören«, sondern auch von Problemen in der DDR. In der letzten Strophe heißt es dann:

> »Beim Frühstück oder nach dem Abendessen
> guckt der Berliner in die Zeitung rein,
> dort steht sehr viel drin
> von Plänen und Kongressen,
> doch nichts von Liebe und von Zärtlichsein.
> Es fehlt noch manches in den Zeitungsspalten,
> was uns erregt, begeistert und entflammt.
> Als würde eine Zeitung nur gehalten
> von Funktionären und vom Presseamt.
> Man darf dem Leserkreis
> nichts schuldig bleiben,
> sonst wird aus Feuereifer Schall und Rauch.
> Man müßte mal ans ›Neue Deutschland‹ schrei-
> ben, denn für das ›Neue Deutschland‹
> gilt das auch.«

Am Premierenabend bricht nach meiner Darbietung tosender Beifall aus, der weniger meiner künstlerischen Leistung, als vielmehr und ganz sicher dem Text gilt. Am nächsten Tag wird mir lapidar mitgeteilt, der Text sei »vorerst gestorben«. Zwei Tage ist er aus dem Programm verschwunden, dann sorgt eine überraschende Ausnahmegenehmigung dafür, daß das Publikum sich erneut köstlich amüsiert.

Zwei weitere Programme haben noch Premiere. Da gibt es zum Beispiel ein Lied mit der Schlußzeile: »Es ist alles relativ, heute ist alles richtig, morgen liegen wir damit schief.« In einer Passage geht es darin um die im Osten lange verpönten modischen »Kreppsohlen«, die nach Aufnahme der Produktion in der DDR urplötzlich »ideologisch« genehm sind.

Auch das Thema »Lotto« greifen wir auf – jahrelang als »kapitalistisches Glücksspiel« in Verruf gebracht, wird es plötzlich als erquickliche Einnahmequelle für das »Nationale Aufbauwerk« entdeckt.

Bald schon gerät das Palastbrettl ins Wanken. Die HO, die für die Gastronomie im Saal zuständig ist und über den schlechten Umsatz während der Aufführungen klagt, und die Damen des horizontalen Gewerbes, die sich bisher in der dort etablierten Bar ihre Kunden geangelt hatten, machen Rabatz. Es kommt zur Schließung des Kabaretts.

Im Keller des Friedrichstadtpalastes wird fortan wieder getanzt, und die Damen können wieder ganz ungestört ihre Verkaufsverhandlungen betreiben.

Kurz nach der Schließung des Palastbrettls meldet sich Erich Brehm, der Leiter der Distel, bei mir und fragt an, ob ich nicht in einem seiner Programme mitwirken wolle. Ich sage zu. Doch ich muß meine Verpflichtungen in Adlershof berücksichtigen, deshalb verlange ich eine vertragliche Garantie, daß ich ihnen weiterhin nachkommen kann. Man geht darauf ein.

Ich beginne gemeinsam mit Gerd E. Schäfer mit den Proben zu »Wenn die kleinen Kinder schlafen«. Die Aufführung wird sehr erfolgreich, es entwickeln sich weitere fünf Programme daraus. Gern erinnere ich mich noch an Szenen wie »Der brave Bürger« mit der hervorragenden Kabarettistin Gina Presgott. Oder an das Lied vom »Guten Appetit«, geschrieben von Niels Werner. Ein Lied, das seine Aktualität nie verloren hat. Die Distel wird mitunter sehr frech, wenn es um »Innere Angelegenheiten« geht. Meine Arbeit dort weitet sich so aus, daß ich die meiste Zeit in der Friedrichstraße, die wenigste in Adlershof verbringe. Ich arbeite mit Regisseuren wie Wolfgang E. Struck, später Intendant des Friedrichstadtpalastes, Erich Brehm, Otto Taussig, E. Kahler und auch wieder mit Robert Trösch. Die Jahre an der Distel sind für mich sehr wichtig. Ich lerne vor allem, daß Kleinkunst zu machen eine große Kunst ist. Und ich gewinne wertvolle Freunde: Gustav Müller, Jochen Gürtner, Heinz Draehn, Ingrid Ohlenschläger und andere.

Im Fernsehen spielen wir manchmal kleine kabarettistische Szenen in Unterhaltungssendungen. Natürlich werden diese Szenen mit besonderer Aufmerksamkeit bedacht und oft kurz vor der Sendung geändert. In einer Kabarettsendung kommt es zu folgender Situation: Horst Kube, ein sehr bekannter Film- und Fernsehschauspieler, Elenor Vogel und ich bestreiten diese Sendung. Nach der Generalprobe wird in Kubes Couplé eine Strophe geändert. Es handelt sich um eine Live-Sendung. Natürlich kann er in so kurzer Zeit den neuen Text nicht mehr lernen. Man macht ihm den Vorschlag, diesen Text auf einen »Neger«, eine schwarze Tafel, zu schreiben, damit er ihn ablesen kann. Man stellt die Tafel neben die Kamera. »In Ordnung«, sagt Kube, »so kann es gehen.« Die Sendung läuft, das Couplé beginnt, die Kamera fährt auf Anweisung nach links, die Tafel steht im Weg, ein Techniker nimmt sie auf die Schulter und trägt sie weg. Horst guckt verzweifelt neben die Kamera, jetzt käme die Strophe mit dem neuen Text. Er blickt ins Licht und kann nur eine Strophe lang »La, la, la . . . Lalala, lalala . . .« singen. Jeder weiß jetzt natürlich sofort, daß dieser Text nicht genehm war und deshalb gestrichen wurde. Das war sozusagen ein Eigentor.

12. ». . . eine verrückte Zeit ist das!«

1956. In Ungarn wird geputscht. Wieder einmal sitze ich ratlos vor dem Radio. Die einen sagen dies, die anderen sagen das. Wieder weiß man nicht, wem man glauben soll.

Die Ereignisse lassen mir keine Ruhe. Die Angst, es könne Krieg geben, werde ich einfach nicht los.

Zu frisch sind die Erinnerungen an den Zweiten Weltkrieg. Ich bin mir sehr bewußt, daß die Ereignisse jener Zeit nur haarscharf am Rande des Abgrunds vorbeiführen. Die Zeitungen sind voll von grausamen Bildern. Es rollen Panzer. Die Ungarn-Ereignisse hinterlassen natürlich auch tiefe Spuren in den Programmen der Distel. Der Charme geht uns verloren. Aggressivität und Schärfe dominieren in viele Interpretationen.

Um den Westteil Berlins herum verläuft bereits eine Art unsichtbare Mauer. An den Grenzen stehen Kontrollpunkte, passieren ist nur mit den unterschiedlichsten Scheinen möglich. Als DDR-Bürger darf man zum Beispiel nicht mit dem Auto nach Westberlin. Das schmerzt mich sehr, denn von Kleinmachnow wäre es über die Avus für mich nur ein Katzensprung nach Berlin. So muß ich jedesmal den Umweg über Mahlow fahren. Von Bekannten höre ich schließlich, daß es mit einer Ausnahmegenehmigung möglich ist, mit dem Auto durch Westberlin zu fahren. Natürlich stelle ich sofort den entsprechenden Antrag. Kurze Zeit danach erhalte ich einen Anruf. Ein Herr mit sächsischem Akzent bittet mich um ein Treffen bezüglich meines Antrags. Am Treffpunkt stellt er sich schließlich als Mitarbeiter des MfS vor und macht mir ein Angebot: »Wir werden alles tun, um ihren Antrag zu beschleunigen. Aber wir hätten auch eine kleine Bitte an Sie. Sie haben doch einen sehr umfangreichen Bekanntenkreis. Vielleicht könnten Sie uns helfen und uns ab und zu etwas über Leute berichten, die uns interessieren!«

Ich bin verblüfft. »So was kann ich nicht, nee, dafür eigne ich mich nicht«, sage ich vorsichtig.

»Na gut, dann machen wir das anders«, schlägt der Mann daraufhin vor, »Sie informieren uns nur, wann bei Ihnen eine größere Feier oder ein Zusammentreffen stattfindet, und wir schicken jemanden hin. Sie brauchen ihn dann nur als weitläufigen Familienangehörigen oder Freund vorstellen!«

»Meine Freunde und Verwandten kennen sich alle gegenseitig, das geht gar nicht«, winde ich mich heraus.

Der Mann merkt, daß er mich nicht greifen kann, und gibt auf. Er macht mir kein Angebot mehr, doch meine Genehmigung bekomme ich natürlich auch nicht.

Ich starte einen letzten Versuch und beschwere mich beim Minister für Kultur, nach langem Hin und Her halte ich schließlich die Ausnahmegenehmigung in der Hand. Es ist für mich eine ungeheure Erleichterung – bis zum Tag der Währungsumstellung in der DDR. Ich bekomme davon an jenem Tag zunächst nichts mit, doch als ich am Kontrollpunkt stehe, fragt mich der Posten, ob und wieviel Geld ich dabeihätte. Ich antworte wahrheitsgemäß und ohne Argwohn und erhalte darauf die barsche Antwort: »Dann müssen Sie nach Potsdam fahren zur nächsten Bank, die Ihnen das Geld umtauscht.«

»Ich habe aber Vorstellung in Berlin und kann jetzt nicht erst noch nach Potsdam fahren«, entgegne ich.

»Na, dann findet die Vorstellung eben nicht statt«, meint der Posten.

»Ich könnte doch das Geld bei Ihnen lassen«, schlage ich vor.

»Nein, das Geld kann hier nicht bleiben, Sie müssen es umtauschen«, sagt er und bleibt hartnäckig.

Daraufhin frage ich: »Darf ich mal telefonieren?«

»Das geht nicht«, entgegnet der Posten.

So geht es hin und her. Ich bin dem Wahnsinn nahe.

Nach längerer Zeit kommt ein Offizier und erbarmt sich meiner. Ich rase in die Vorstellung, Brehm hat das Programm umgestellt. Er hat erst einmal alle Nummern spielen lassen, in denen ich nicht mitwirke, so daß ich gerade noch zur rechten Zeit komme. »Diese idiotische Teilung«, denke ich.

Wie grotesk ist das Leben in dieser – zwar noch nicht durch die Mauer – geteilten Stadt. Meine Eltern haben uns Geld gegeben (natürlich in der Wechselstube umgetauscht), damit wir uns einen Teppich kaufen können. Am Alex natürlich, denn da ist er billiger als im Westen. Der Teppich wird in den Wartburg geladen, er paßt gerade noch in den Kofferraum. Abends habe ich Vorstellung in der Distel, will aber den Teppich vorher noch nach Kleinmachnow bringen. Ich fahre also zum Brandenburger Tor und zeige meinen »Durchfahrschein«. Der Genosse Grenzer sagt: »Danke.«

Bevor ich weiterfahre, sage ich in einer Aufwallung von Ehrlichkeit: »Ich habe einen Teppich im Kofferraum, aber der bleibt nicht im Westen, ich will ihn mit nach Kleinmachnow nehmen.«

»Oh«, sagt nun der Grenzer. Und noch einmal: »Oh – da darf ich Sie hier nicht durchlassen. Fahren Sie bitte auf die andere Straßenseite, und fragen Sie den Chef der Kontrollstelle, ob er Ihnen eine Genehmigung erteilt.«

Ich wende also. Aber der Chef will nicht. »Nein«, sagt er, »Sie müssen durch die Stadt über Schönefeld fahren.«

»Aber das ist doch so weit«, klage ich, »dann schaffe ich es nicht mehr rechtzeitig zurück. Ich habe am Abend Vorstellung.«

»Na gut«, sagt der Chef, »dann rufe ich jetzt in Drewitz an. Sie zeigen den Teppich vor, damit man weiß, daß er nicht im Westen geblieben ist.«

Ich wende also wieder – fahre durchs Brandenburger Tor. Nun kann ja nichts mehr passieren, denke ich, der Westzoll kontrolliert ja eigentlich nie. Doch Ausnahmen bestätigen die Regel. Wahrscheinlich haben meine Manipulationen hinter dem Brandenburger Tor die Westberliner Zöllner neugierig gemacht.

»Öffnen Sie doch bitte mal den Kofferraum«, fordern sie freundlich, aber bestimmt.

»Oh«, sagen sie, nachdem sie den Teppich erblickt haben, »den dürfen Sie aber nicht in den Westen einführen.«

»Ich will ihn ja nicht einführen, sondern nur durchführen. Der Teppich soll nicht im Westen bleiben.«

»Dann müssen Sie durch die Stadt über Schönefeld fahren«, entgegnen sie.

Ich erzähle ihnen, daß die Grenzstelle in Drewitz schon verständigt wurde, daß ich in zirka zwanzig Minuten mit einem Teppich im Kofferraum die Grenze passieren werde. Wenn ich über Schönefeld fahre, komme ich nicht über Drewitz. Man wird also glauben, daß ich den Teppich verschoben habe.

Das sieht man ein. »Na gut«, sagen die Zöllner, »dann zeigen Sie unseren Kollegen den Teppich, wenn Sie über die Grenze fahren.«

An der Grenze wollen weder die Kollegen im Westen, noch die Genossen im Osten meinen Teppich sehen. Ich muß sie buchstäblich zwingen, in den Kofferraum zu blicken.

Ja, eine verrückte Zeit ist das! In einem Ostberliner Restaurant kann man für sechs Mark ein volles Menü mit Getränken verspeisen, ein Spottgeld für Westberliner, die ihre Mark aufgrund des Wechselkurses vervielfachen können. Viele Ostberliner arbeiten im Westen, optimieren durch die für sie günstigen Umtauschverhältnisse ihren Lohn, während nur wenige Westberliner in Ostberlin arbeiten. Schieber schieben, was das Zeug hält. Es entstehen Schwierigkeiten und Engpässe, die Unzufriedenheit ist groß. Der Wechselkurs schwankt täglich und steigt unaufhaltsam.

Und ich schwanke zwischen Kabarett und Fernsehen hin und her. Erich Brehm fragt mich, ob ich nicht beim Fernsehen aufhören und ganz bei ihm in der Distel anfangen möchte.

Ich entscheide mich aber doch fürs Fernsehen. Mein Kollege Gerd E. Schäfer dagegen wird als festes Ensemblemitglied bei der Distel bleiben.

13. Von Wölfen, Schafen und einem Bär

Das Fernsehen nimmt jetzt meine Zeit voll in Anspruch, und diese Arbeit macht mir natürlich auch sehr viel Spaß.

Heinz Adameck, der Vorsitzende des Staatlichen Komitees, ist nun wieder mein alleiniger Vorgesetzter.

Jeder im Fernsehen weiß zwar, wer Adameck ist, aber nur wir Festangestellten bekommen ihn von Zeit zu Zeit in Versammlungen oder bei einem persönlichen Gespräch zu sehen. So trägt sich einmal folgende Geschichte zu:

In den oberen Etagen des Restaurants Moskwa findet ein feierlicher Empfang statt. Heinz Adameck zeichnet außergewöhnliche Leistungen im Fernsehen mit dem »Goldenen« und »Silbernen Lorbeer« aus.

Ich sitze mit Agnes Kraus am Tisch. Heinz Adameck tritt an unseren Tisch und gratuliert Agnes zu ihrer hervorragenden Leistung in »Wolf unter Wölfen«. Agnes erwidert in ihrer typischen Art: »Is' ja sehr schön, daß Sie mir das sagen. Aber wer sind Sie eigentlich?«

Adameck sagt: »Ich bin hier der Vorsitzende.«

Darauf Agnes: »Ach! Wirklich? Ich habe Sie noch nie gesehen!«

130

Wir lachen später noch sehr darüber, ohne dabei zu vergessen, daß Heinz Adameck oft ein offenes Ohr für die Probleme seiner Mitarbeiter hatte.

Zu einer meiner schönsten Aufgaben zählt in jener Zeit das Lustspiel »Drei Mann auf einem Pferd«, Regie Hans Knötzsch. Nach dem Erfolg dieses Lustspiels wagt sich das Fernsehen noch an weitere heitere Stoffe heran. Uns Schauspieler freut das natürlich, auch wenn es ein Problem gibt: Die Stücke werden direkt aus dem Studio übertragen, es gibt kein Publikum. Außer einem Schmunzeln der Kameraleute, Techniker und »Kabelhalter« verspüren wir keine Reaktion. Wir spielen sozusagen in vollkommen steriler Atmosphäre. In jener Zeit entsteht so bei vielen von uns der Wunsch, diese Lustspiele und Komödien vor Publikum spielen zu dürfen. Erst Jahre später wird das dann auch verwirklicht.

Leider bin ich nun festgelegt auf heitere Rollen. Dramatische Rollen überträgt man mir in jener Zeit kaum. Die Fernsehchefs meinen offenbar, dafür sei ich nicht mehr einsetzbar.

Doch da ist die Reihe »Fernsehpitaval«, inszeniert von Wolfgang Luderer, geschrieben von dem bekannten Anwalt Friedrich Karl Kaul und dem brillanten Schauspieler Walter Jupé. Es ist eine überaus glückliche Autorenkonstellation, denn Jupé weiß natürlich genau, wie die von Kaul eingebrachten Erfahrungen schauspielerisch wirkungsvoll umgesetzt werden können.

In dem Film »Der Fall Haarmann« über den berüchtigten Massenmörder bin ich für die Rolle des Kommissar Raetz vorgesehen. Es kostet Wolfgang

131

Luderer sehr viel Kaft und Überredungskunst, der Leitung des Fernsehens begreiflich zu machen, daß ich diese Rolle bewältigen könne.

Noch im gleichen Jahr wird mir dann eine andere anspruchsvolle Rolle übertragen, deren Gestaltung mir auch persönlich sehr nahegeht. In der Fernsehaufführung von Bruno Apitz' Roman »Nackt unter Wölfen« habe ich den polnischen KZ-Häftling Pribulla zu spielen. Auch wenn es eigentlich nur eine kleine Rolle ist, gehe ich in die polnische Botschaft, um den genauen Charakter dieser Figur zu treffen, lasse mir dort sogar von einer Sekretärin die Sätze ins Polnische übersetzen und übe tagelang, polnisch zu sprechen.

Mein Kollege Peter Sturm, der selbst jahrelang als Häftling im KZ Buchenwald saß, spielt einen Gefangenen, der einen Mithäftling verraten wird. Peter Sturm erleidet während der Dreharbeiten einen Nervenzusammenbruch – zu bedrückend ist die Erinnerung für ihn an die erst wenige Jahre zurückliegende Leidenszeit. Für jeden Beteiligten bedeutet die Mitwirkung an jenem Film auch eine Auseinandersetzung mit der Vergangenheit und ihren Schrecken.

Das enorme persönliche Engagement aller Mitwirkenden ist dem Schauspiel anzumerken. Die Zuschauer erleben am 10. April 1960 eine großartige Aufführung, für die der Regisseur Georg Leopold und einige der Hauptdarsteller hohe staatliche Auszeichnungen erhalten.

Doch diese Zeit beschert mir auch heitere Erlebnisse. Unvergessen bleibt mir der Fernsehfilm »Das schwarze Schaf« mit Margot Ebert in der Hauptrolle.

Für den Film sucht die Requisite drehbuchgemäß ein schwarzes Schaf, das jedoch so schnell nicht aufzutreiben ist. Und so wird schließlich aus Schönefeld ein weißes Schaf geholt – und schwarz eingefärbt. In Adlershof bekommt das Tier einen eigenen Verschlag, wird von uns gefüttert und verwöhnt. Schnell gewöhnen wir uns aneinander. Als jedoch die Arbeiten am Film abgeschlossen sind, muß das Schaf zurück in die LPG.

Auf meinem Arbeitsweg mache ich nach einigen Wochen einen Umweg, um nach unserem Schaf zu sehen. Der Schäfer meint jedoch zu meinem Entsetzen: »Herr Köfer, es tut mir leid. Doch wir werden dieses Tier schlachten müssen. Die Herde nimmt es nicht mehr an, die Hunde beißen es weg. Die Farbe stört die anderen Tiere.«

»Schlachten kommt nicht in Frage«, erwidere ich, »ich kaufe das Tier! Was kostet es?«

»56 Mark«, legt der Schäfer fest, ich zahle sofort und bugsiere das blökende Schaf in meinen Wartburg. Zu Hause angekommen, bekommt Traudel vor Überraschung kein Wort heraus, die Kinder aber sind sofort begeistert. Wir räumen den Boden aus, bauen ein Gatter und bringen das Tier dort unter. Tagsüber kommt das Schaf in unseren Garten. Schnell sind wir befreundet, mein Schaf geht sogar an meiner Seite mit mir einkaufen. Doch mit der Zeit wird es dann zu groß, und seine Haltung bringt für uns zu viele Umstände mit sich. Unser Hund, ein Boxer, liebt das Schaf im Gegensatz zu uns überhaupt nicht. Als die schwarze Farbe endgültig herausgewachsen ist und keine Gefahr mehr besteht, daß die

Herde das Schaf verstoßen könnte, fahre ich zu einem Schäfer nach Teltow und biete es ihm an. Ohne Zögern greift er zu, die Herde nimmt es an, und ich habe ein ruhiges Gewissen – das Tier mußte nicht wegen uns Fernsehleuten sterben!

Ein paar Wochen später will ich es besuchen, doch ich kann den Schäfer in Teltow nicht finden. Nach einigem Suchen erkundige ich mich schließlich bei einem Bauern. Doch der schmunzelt nur und meint: »Der Schäfer? Der ist gestern in den Westen abgehauen. Die Herde hat er mitgenommen!« So ist aus unserem Fernsehschaf schließlich ein Westschaf geworden . . .

In jenem Jahr habe ich erstmals den TV-Jahreswechsel allein zu bewältigen: Ich sitze live im Studio und moderiere die Sendung »Schlag auf Schlag(er)«. Erstmals beziehen wir die Zuschauer aktiv in die Gestaltung der Sendung ein, indem ich kurze Filmbeiträge anspiele und eine Telefonnummer angebe, unter der ich im Studio zu erreichen bin. Die Zuschauer können wählen, welchen Film sie gern sehen möchten. Das Ganze wird eine lustige Angelegenheit. Es rufen ganze Hausgemeinschaften an, die sich vor dem oft einzigen Fernsehgerät im Haus versammelt haben und gemeinsam in das neue Jahr hinüberfeiern. Mir macht es großen Spaß, in direkten Kontakt mit den Zuschauern zu treten. Mit großer Hingabe hebe ich immer wieder mein mit Mineralwasser gefülltes Sektglas und proste den Zuschauern zu. Im Laufe des Abends muß ich natürlich immer »alkoholisierter« wirken, und so dauert es nicht lange, bis auch die Polizei bei mir anruft. »Herr Köfer, wie kommen Sie denn heute nach Hause?« fragen sie mich scherzhaft, »Sie werden doch wohl nicht mit dem Auto fahren wollen?«

»Doch«, erwidere ich, »ob Sie's glauben oder nicht, ich habe nur Mineralwasser in meinem Sektglas! Haha!«

»Und wovon sind Sie dann so angeheitert?« setzen die Polizisten das Spiel fort. »Wir werden Posten beziehen und Sie aus dem Verkehr ziehen! Wir können doch nicht zulassen, daß Sie unter Alkoholeinfluß fahren!«

Der Abend vergeht mit diesen lustigen Einlagen wie im Fluge, und ich freue mich auf mein Zuhause, wo Freunde und Familie bei meiner Ankunft noch immer feiern. Meine gute Laune ist aber plötzlich wie weggeblasen: Ich kann über die Witze der feuchtfröhlichen Runde überhaupt nicht lachen und stelle ernüchtert fest, daß gespielte Weinseligkeit eben doch nicht mit der echten zu vergleichen ist. Noch zwei weitere Adlershofer Silvestersendungen moderiere ich. Dann übernimmt mein Kollege Heinz Florian Oertel die Sendung, und ich kann wieder richtig feiern, mit richtigem Sekt und Korkenknall.

1961 ergibt sich die Gelegenheit, wieder kabarettistisch im Fernsehen zu arbeiten. Eine Idee dafür hatten wir schon lange. Nun produzieren wir in Zusammenarbeit mit den Autoren des »Eulenspiegel« unter Leitung von Heinz Kahlow drei TV-Kabarett-Sendungen. Wir spielen im Probenstudio des Fernsehens, im ehemaligen Kino Imperial am Hackeschen Markt, die Sendungen werden live übertragen. Das ist unserer Meinung nach unbedingt notwendig, denn

Kabarett soll ja schließlich auf aktuelles Geschehen im Land reagieren können. Gemeinsam mit Hans-Joachim Hanisch teile ich kleine Seitenhiebe auf Ungereimtheiten im DDR-Alltag aus. Unsere Figuren heißen »Knill und Scholly«. Obwohl die Resonanz beim Publikum hervorragend ist, gibt es nach den ursprünglich geplanten drei Sendungen keine weiteren mehr. »Sendetechnische Gründe« sind der Vorwand für das Einstampfen der Sendung. Die »Tele-BZ« allerdings bleibt erhalten. Die Sendungen richten sich mehr und mehr auf die Auseinandersetzung mit dem »politischen Gegner« aus. Ost und West schießen in dieser Zeit immer schärfer aufeinander.

Häufig diskutieren wir sehr erregt mit Peter Nelken, dem Chefredakteur des »Eulenspiegel«. Eines Tages bricht er eine Diskussion mit der Bemerkung ab: »Es wird sich sowieso bald einiges grundlegend ändern.«

»Was soll sich denn ändern?« frage ich. Nelken, der gerade aus einer ZK-Sitzung zurückgekommen ist, hüllt sich in Schweigen.

Im Fernsehen ist Schwänkezeit. Wir produzieren Arnold&Bach-Schwänke am laufenden Band unter der Regie von Josef Stauder und Hans Knötzsch: »Der keusche Lebemann«, »Stöpsel«, »Der Meisterboxer«, »Die vertagte Nacht«, »Weekend im Paradies«. Ich spiele und spiele und spiele.

Doch die Situation in Berlin ist sehr ernst. Allmählich spürt jeder, daß irgend etwas in der Luft liegt. Der Wechselkurs liegt inzwischen bei 1:8, auch die Währungsumstellung hat auf die Dauer keine Entlastung der Situation mit sich gebracht. Auf irgendeinem Weg gelangt jeder, der will, an Westwährung. Für die Bewohner der Westsektoren wird Ostberlin immer mehr zum wahren Billig-Einkaufsparadies. Der Preis eines Brötchens ist so niedrig, daß er nicht mehr zu berechnen ist. Er liegt für einen Westberliner unter einem Pfennig!

Die Stadt lebt dennoch gemeinsam: Freunde und Verwandte treffen sich regelmäßig. Meine Eltern leben im Westteil. Wir besuchen uns gegenseitig sehr häufig und feiern gemeinsam. Die Kontrollpunkte zwischen Ost und West sind für uns kein Hindernis. Kino und Theater sind nicht weit. Gute Zigaretten im Westteil zu holen ist Gewohnheit, obwohl es verboten ist. Ich mache das so: Ich laufe bis Düppel, gehe durch die Kontrolle, kaufe meine Zigaretten, fahre dann mit der S-Bahn bis Schlachtensee, lasse zwei Züge fahren, damit ich Zeit gewinne, und komme mit den Zigaretten zurück. Das funktioniert immer. Ich werde nie angehalten und kontrolliert.

Am 12. August 1961 feiern wir in unserem Garten. Schwager und Schwägerin, die Zwillingsschwester meiner Frau, sind aus Westberlin gekommen und genießen ein paar unbeschwerte Tage abseits der Großstadthektik. Wir sitzen, trinken und tanzen bis spät in die Nacht. Weit nach Mitternacht fallen wir gut gelaunt und allesamt leicht »beschwipst« in unsere Betten.

Zum Ausschlafen am folgenden Morgen komme ich jedoch nicht. Ziemlich unsanft werde ich von meinem Schwager aus dem Schlaf gerissen, der plötzlich mit schreckgeweiteten Augen mitten im Zimmer steht, an meiner Bettdecke zieht und immer wieder fassungslos ruft: »Herbert, Herbert! Nun wach doch schon endlich auf! Wir kommen hier nicht mehr raus!«

Verwundert – und auch etwas verärgert – richte ich mich langsam im Bett auf und blinzele ihn mit verschlafenen Augen an. »Was willst du? So 'n Quatsch! Du kannst doch gehen, wohin du willst. Mußt du mich denn jetzt schon wecken?«

Doch er läßt keine Ruhe, wedelt aufgeregt mit einer Zeitung, die er in der Hand hält. »Ich habe eben die Morgenzeitung geholt, da steht es schwarz auf weiß: Wir kommen hier nicht mehr raus!« entgegnet er der Verzweiflung nahe und wirft mir die Zeitung aufs Bett. Ungläubig starre ich auf das Blatt und kann kaum glauben, was da steht: »Die DDR schließt ab sofort die Grenze zu Westberlin.«

»Glaubst du es nun? Wir kommen hier nicht mehr raus!« kann sich mein Schwager noch immer nicht beruhigen.

In dieser brenzligen Situation versuche ich, einen ruhigen Kopf zu bewahren. Ich entsinne mich meiner Ausnahmegenehmigung zum Passieren der Avus, stecke sie ein, setze mich kurz entschlossen ins Auto und fahre zum Kontrollpunkt Drewitz. Dort lege ich den Schein dem Grenzsoldaten vor und erkundige mich, ob er noch Gültigkeit besitzt. Ich erwarte eine abschlägige Antwort, doch zu meiner Überraschung meint der Posten ganz beiläufig: »Klar, damit kommen Sie noch durch!«

Ich setze mich sofort wieder hinters Steuer, fahre zurück und lade Schwager und Schwägerin ein. »Los, rein ins Auto, ich fahre euch rüber«, treibe ich die

138

beiden an, die noch immer nicht glauben können, was da geschieht. Wenig später passiere ich völlig unbehelligt die spätere Staatsgrenze der DDR und fahre über die Avus nach Westberlin. Überall wird meinem Wartburg mit ungläubigem Staunen hinterhergesehen. Die Stadt steht Kopf. Die Nachricht von der Schließung der Grenze sorgt für hektisches Durcheinander. An der Grenze steht die Kampfgruppe. Man hat bereits begonnen, die Mauer zu bauen. Die ganze Stadt ist auf den Beinen. Tausende beobachten die Arbeiten an der Sektorengrenze. Es spielen sich dramatische Szenen ab, die Stimmung ist äußerst gereizt.

Ich erfasse die Tragweite der Ereignisse nicht, schüttele nur verärgert den Kopf, als meine Verwandten immer wieder auf mich einreden, Traudel und die Kinder ins Auto zu setzen und zu ihnen zu kommen. »Wenn das heute so einfach funktioniert, wird sich daran auch künftig nichts ändern«, antworte ich lächelnd. Ich setze die beiden vor ihrem Haus ab und fahre noch kurz bei meinen Eltern vorbei. Als ich mich von meinen Eltern verabschiede, ahne ich nicht, daß dies ein Abschied für eine sehr lange Zeit ist.

Bereits am nächsten Tag finde ich in der Zeitung die amtliche Bekanntmachung, wonach die Durchfahrtsgenehmigungen durch Westberlin nicht mehr gültig sind. Der Zusatz, daß bei den »zuständigen Organen« neue Genehmigungen beantragt werden können, entpuppt sich natürlich sehr schnell als Farce. Westberlin ist für uns ab sofort tabu – wir dürfen diesen Teil nicht mehr betreten.

Auch der S-Bahnhof Dreilinden wird nun das, was

er bereits eine Zeitlang zur Probe war: eine Einöde. Die Schienen werden über Nacht herausgerissen, der schon oft getestete Umweg nach Berlin, in die Hauptstadt der DDR, wird zum Alltag – für fast drei Jahrzehnte.

In Berlin brodelt es. Im Straßenbild tauchen Männer in grauen Kampfgruppenuniformen mit Waffen auf. Vor wieviel Jahren noch wollte man von Waffen nichts mehr wissen? Jeder glaubt in der ersten Zeit, daß dies nur eine Übergangslösung sein kann. Klar, so ging es nicht weiter, aber ist eine Mauer die Lösung? Keiner ahnt zu jener Zeit, daß man sich an diesen Zustand gewöhnt, daß man damit lebt, sich irgendwann nicht mehr vorstellen kann, es könnte sich wieder ändern. Für die Menschen in dieser zerschnittenen Stadt ist es sehr hart. Für meine Eltern auch. Sie fühlen sich verlassen und einsam. Vor allem die Enkel fehlen ihnen. Mich können sie wenigstens noch im Fernsehen begutachten. Das tun sie auch ausgiebig. Über jede Sendung werden Verwandte und Bekannte informiert. Jede »künstlerische Leistung« ihres Sohnes wird selbst auf der Trabrennbahn Mariendorf, für die meine Eltern Jahreskarten haben, eingehend besprochen und durchdiskutiert.

Plötzlich habe ich wieder einen weiteren Arbeitsweg. Beim Fernsehen bringt der 13. August 1961 auch personelle Veränderungen mit sich, denn kaum ein in Westberlin wohnender Kollege entschließt sich zur Übersiedlung in die DDR. Auch mein Freund Gerhard Wollner, der mit Heinz Quermann und Gustav Müller schon seit mehreren Jahren die beliebte Unterhaltungssendung »Da lacht der Bär« moderierte, wohnt in Westberlin. Ihm wird sofort ein Haus im Ostteil der Stadt angeboten, doch Wollner zieht es vor, im Westteil zu bleiben. Und so fehlt schließlich einer der »Drei Mikrofonisten« – doch die Sendung soll deshalb nicht eingestellt werden. In diesen Tagen bestellt mich Horst Sindermann, der im Politbüro für Fernsehen, Funk und Presse zuständige Mann, zu sich.

Er fragt mich, ob ich für Wollner kurzfristig einspringen und die Sendung weiterführen könne. Ich übernehme diese Aufgabe sehr gern. Meine Premiere in »Da lacht der Bär« geht am 3. September 1961 im Klubhaus Magdeburg über die Bühne. Ehrengast der Sendung ist German Titow, der zweite sowjetische Kosmonaut.

Meine Arbeit in dieser beliebten Unterhaltungsreihe gestaltet sich von Anfang an sehr erfolgreich, so daß ich bis zum Schluß als einer der »Drei Mikrofonisten« dabeibleibe. Die bunte Mischung aus Ballett, Schlager und Artistik macht mir großen Spaß. Was mich jedoch wie all die anderen Mitwirkenden stört, sind die politischen »Soll-Nummern«. Das Publikum steigt bei diesen Sketchen aus, und es ist für uns sehr schwer, die Stimmung danach wieder anzuheizen. Das geht eine Weile so, bis Horst Sindermann entscheidet, daß diese Art der Auseinandersetzung Sache der Publizisten und nicht der Unterhaltungskünstler sei. Alle atmen auf.

In einer Sendung haben wir einen hohen Gast: Leonid Breschnew. Während eines Sketches zischt Gustav Müller mir durch die Zähne zu: »Du, Herbert, guck mal, der schläft!« Ich schaue zu Breschnew – er ist tatsächlich eingeschlafen. Auch wenn er sich offensichtlich langweilt, unser Publikum ist wie immer voll bei der Sache.

Der Begriff »Einschaltquote« ist uns damals zwar noch nicht bekannt, doch diese Livesendung ist unbestritten über viele Jahre hinweg ein Straßenfeger.

Dazu trägt nicht zuletzt auch die phantastische Atmosphäre im alten Friedrichstadtpalast bei. Als sich später die ersten Risse in den Fundamenten des traditionsreichen Hauses zeigen, ist das ein sehr harter Schlag für alle, die dort auftreten. Keiner will glauben, daß auf den Brettern des Friedrichstadtpalastes nichts mehr geschehen wird.

So angenehm die Arbeit bei »Da lacht der Bär« auch ist, so sehr stört es mich, daß ich zunehmend auf die Rolle des Unterhaltungskünstlers festgelegt bin. Jeder Regisseur eines halbweg ernsten Stückes lehnt es ab, mich zu engagieren. Immer wieder höre ich den Einwand: »Wenn die Leute dich sehen, haben sie eine andere Erwartungshaltung.«

Ich leide sehr darunter. Gerade die Arbeit an solchen anspruchsvollen Aufgaben wie »Fernsehpitaval« oder »Nackt unter Wölfen« hat mich sehr gefordert. Deshalb kann ich meine Popularität im heiteren Genre gar nicht so recht genießen, denn sie macht es mir beinahe unmöglich, auch in der dramatischen Kunst wieder tätig zu sein.

1964 spiele ich in »Rose Bernd« den August Keil, Regie führt Fred Mahr. Dietrich Körner spielt den Streckmann, Ursula Karusseit die Rose. In der »Union« vom 10. März 1964 steht folgende Kritik:

»Was Köfer in dieser Rolle zeigte, war große Charakterkunst. Wenn er doch bei seinen ›Leisten‹ bliebe, die Linie der Charakterisierung, die sich ihm so anbietet, konsequent verfolgen würde und sich nicht für billige Mätzchen in irgendwelchen improvisierten Unterhaltungssendungen hergeben möchte (womit nichts gegen gute Unterhaltung gesagt werden soll).«

Wie so oft im Leben, kommt mir der Zufall zuhilfe.

Als ich eines Tages auf der Sparkasse überprüfe, ob mein Konto noch gedeckt ist, werde ich von einem Regisseur angesprochen, der schon vielbeachtete DEFA-Filme gedreht und daher einen sehr guten Namen hat: Frank Beyer.

»Ich möchte sie zu Probeaufnahmen einladen. Für mein Projekt ›Nackt unter Wölfen‹ suche ich noch einen Darsteller des Hauptsturmführers Kluttig, den KZ-Lagerführer.«

Diese Charakterrolle bietet mir die Möglichkeit, aus dem Unterhaltungsschema auszubrechen. Ich sage sofort zu und fahre am nächsten Tag wie verabredet zu den Probeaufnahmen.

Dort treffe ich Erwin Geschonnek, der die Hauptrolle, den Lagerältesten Kramer, spielen soll. Er ist auch bei den Probeaufnahmen anwesend. Wir spielen eine Szene, und dabei werde ich von diesem wunderbaren Schauspieler einfach mitgerissen. Die Probeaufnahmen sind positiv.

Ich bin überglücklich, als mir Frank Beyer mitteilt, daß ich die Rolle spielen werde.

Wir besprechen, wie die Figur mehr Schärfe bekommen könnte. Ich habe die Idee, eine ganz stark eingeschliffene Brille zu verwenden, um bei Kluttig einen eiskalten, starren Blick zu erzeugen. Beyer geht sofort darauf ein. Beim Drehen gibt es dadurch Schwierigkeiten, denn ich bin durch die Brille faktisch blind. Alle Gänge und Tätigkeiten muß ich vorher so oft probieren, daß sie mir in Fleisch und Blut übergehen. In Totalen verwenden wir eine zweite Brille, die weniger starke Gläser hat.

Die Dreharbeiten an den Originalschauplätzen im KZ Buchenwald sind sehr anstrengend. Bruno Apitz, Autor des Buches und selbst Häftling in Buchenwald gewesen, ist anwesend. Ich lerne ihn während der Arbeit am Film näher kennen und sehr schätzen.

Der schlimmste Drehtag für mich wird eine Szene in der Todeszelle. Armin Mueller-Stahl spielt den zum Tode verurteilten Häftling. Immer wieder wird mir bewußt: So ist es gewesen! Hier, an dieser Stelle, an diesem Ort, wurden tatsächlich Häftlinge zu Tode gequält.

Der ganze Drehstab ist sehr nachdenklich und bedrückt. Die schreckliche Zeit, über die wir hier einen Film drehen, liegt noch nicht einmal zwei Jahrzehnte zurück ...

Die Premiere des Films findet im Berliner Filmtheater Kolosseum statt. Ich bin tagelang vorher nicht zu genießen, quäle mich mit der Frage, ob die Zuschauer mir meine Darstellung abnehmen. Und wie zur Bestätigung meiner Befürchtungen kommt es auf dem Weg zur Premiere zu einem kleinen Zwischenfall. Zu jeder anderen Zeit hätte ich mich über dieses harmlose Intermezzo amüsiert, ja sogar gefreut. Doch auf dem Weg zur Premiere von »Nackt unter Wölfen« trifft es mich wie ein Schlag, als ein

144

paar junge Leute mich erkennen und plötzlich singen: »Da lacht der Bär . . .«

Ich bekomme einen Schreck. Plötzlich schießt mir die Horrorvision durch den Kopf, daß die Zuschauer bei meinem Anblick dieses Titellied der beliebten Unterhaltungssendung anstimmen könnten. Die Arbeit aller meiner Kollegen wäre umsonst gewesen. Und das alles nur wegen mir und meines Ehrgeizes, mich in dramatischen Rollen zu beweisen. Darüber hinaus wäre ein solcher Zwischenfall für alle Regisseure nun tatsächlich der Beweis dafür, daß man mir keine ernsten Rollen übertragen darf.

Kreidebleich und mit schweißnassen Händen sitze ich im Parkett und lasse den großartigen Film an mir vorüberziehen. Als mein Auftritt kommt, schließe ich die Augen und harre der Katastrophe. Doch im Saal ist es still, man könnte eine Stecknadel zu Boden fallen hören. Die Zuschauer folgen gespannt der Handlung und allmählich weicht die Furcht dem schönen Gefühl: Ich habe es geschafft, die Zuschauer nehmen meine Darstellung ernst!

Die Premiere wird ein großer Erfolg. Auf der anschließenden Feier nimmt mich ein alter Buchenwaldhäftling beiseite und meint: »Herbert, so wie wir dich heute gesehen haben, wollen wir dich nicht. Wir wollen über dich lachen. Heute, nach diesem Film, hassen wir dich!«

Es ist mein schönstes Kompliment.

Wie bereits bei »Nackt unter Wölfen« spielt auch für das Zustandekommen meiner nächsten wichtigen Arbeit eine Kasse die Hauptrolle. In jener Zeit ist es für mich ein völlig normaler Zustand, daß mein

Konto ständig leer ist. Immerhin habe ich eine große Familie zu versorgen. Traudel kann aufgrund der Kinder noch immer nicht arbeiten. Nicht selten ruft mich eine mir wohlgesonnene Sparkassenangestellte an und meldet mir einen Tiefstand auf meinem Konto. Ich lebe dann bis zur Gehaltszahlung von Schecks, denn ich kann mir genau ausrechnen, daß sie erst nach dem nächsten Zahltag bei meiner Sparkasse ankommen, wenn ich sie weit genug entfernt einlöse. So umgehe ich immer relativ erfolgreich rote Zahlen auf meinen Kontoauszügen.

An einem Gehaltstag treffe ich in der Honorarkasse des DFF den Regisseur Hans-Joachim Kasprzik und den Autor Hans Oliva-Hagen (»Gewissen in Aufruhr«). Sie stehen an der Kasse und flüstern miteinander. Dann spricht mich Hans-Joachim Kasprzik an: »Herr Köfer, wir bereiten die Verfilmung des Fallada-Romans ›Wolf unter Wölfen‹ vor, ich suche einen ›Studtmann‹. Könnten Sie sich mit der Aufnahmeleitung in Babelsberg in Verbindung setzen?« Ich nicke nur.

»Gut, dann rufen Sie bitte in Babelsberg an«, verabschiedet sich Kasprzik.

Ich lese sofort Falladas Text, der Studtmann ist eine wunderbare Figur.

Ich fahre wenig später also nach Babelsberg zu den ersten Probeaufnahmen.

Dann warte ich. Nach zwei Wochen mache ich die zweite Probeaufnahme. Meine Familie sitzt wie auf Kohlen, da wir in den Urlaub aufbrechen wollen. Es kommt kein Bescheid. Ich kann die Abfahrt nicht länger hinausschieben und verbringe schließlich

146

einen etwas nervösen Urlaub mit meiner Familie in Bulgarien.

Als wir zurückkommen, ist die schriftliche Zusage da. Ich bin froh.

Die Besetzungsliste hat gute Namen: Armin Mueller-Stahl, Wolfgang Langhoff, Annekatrin Bürger und Inge Keller. Einerseits bin ich zwar glücklich, mit diesen großartigen Schauspielern arbeiten zu können, doch als ich den Namen Langhoff lese, zucke ich unwillkürlich zusammen und denke an meine mißglückte Arbeit unter seiner Intendanz am Deutschen Theater, an die »Egmont«-Pleite und meine Differenzen mit ihm. Ich frage Kasprzik, ob Langhoff wisse, daß ich den von Studtmann spielen soll.

Er bejaht dies, worauf ich weiter frage: »Und? Was hat er gesagt?«

»Langhoff sah mich an und sagte: ›Ja, ja, ja ...‹ – weiter gab er keinen Kommentar ab«, antwortet Kasprzik.

14. Die Gedanken sind frei?

Der erste Drehtag bringt mich als »von Studtmann«
in das Büro der »Familie von Prackwitz«. Ich habe in
dieser Szene als neuer Gutsverwalter Vorschläge zur
Leitung eines Gutes zu unterbreiten, was für mich bedeutet, daß ich die gesamte Szene nahezu allein spreche. Keller und Langhoff sitzen mir schweigend gegenüber. Ich bilde mir ein, aus ihren Blicken die
Frage ablesen zu können: »Na, ob der Köfer das
schafft?«

Doch der für mich so anstrengende Drehtag verläuft ohne Zwischenfälle. Zwei Tage später ruft
Kasprzik mich an und beglückwünscht mich: »Köfer,
wir haben uns die Muster angeschaut. Hervorragend,
was sie da gemacht haben! Sie stehen neben Langhoff
und Keller als völlig gleichwertiger Partner!«

Mir fällt ein Stein vom Herzen, ich bin überglücklich. Meine Hemmungen den großen Kollegen gegenüber sind beseitigt, die nächsten Drehtage verlaufen
reibungslos – bis ich eines Tages auf der Dispo noch
einmal jene Büroszene entdecke.

Erstaunt frage ich Kasprzik, wieso das alles noch
einmal gedreht werden muß. Kasprzik – wir sind inzwischen zum vertraulicheren »Du« übergegangen –
schmunzelt und meint: »Jetzt werde ich dir einmal etwas ganz Geheimes verraten: Es war gar nicht so gut,

was du da am ersten Drehtag gemacht hast. Mein Anruf war ein Trick. Ich habe doch gemerkt, wie verklemmt du gegenüber den Kollegen warst. Ich hatte nur zwei Möglichkeiten: dich umbesetzen oder dir Mut machen und den Krampf lösen. Ich habe gemerkt, daß du immer nur auf die Blicke der beiden geachtet hast. Mein Trick hat funktioniert. Nach dem Anruf warst du wie ausgewechselt! Nun seid ihr tatsächlich echte, gleichrangige Partner!«

Und tatsächlich gestaltet sich die weitere Arbeit mit Langhoff sehr angenehm. Leider ist er bereits von seiner todbringenden Krankheit gezeichnet. Die Premiere des mehrteiligen Fernsehfilms erlebt er noch im Krankenhaus. Einer der schönsten Momente meines Berufslebens ist, als Kasprzik mir nach einem Krankenbesuch bei Langhoff Grüße von ihm ausrichtet: »Er läßt dir sagen, daß er anfangs große Zweifel hatte. Er ist sehr froh, wie hervorragend du diese Aufgabe gemeistert hast. Er wünscht dir viel Glück! Du bist auf dem richtigen Weg.«

Mit Hans-Joachim Kasprzik verbindet mich seit jener Arbeit echte Freundschaft. Wir kommen uns auch privat näher, seit er ein Haus in Kleinmachnow unterhält. Jahrelang hatte er sich darum bemüht, jetzt hat er endlich Ruhe zu arbeiten. Eines Tages kommt er und sagt: »Herbert, ich werde wahnsinnig, ich werde wahnsinnig! Stell dir vor, sie bauen genau neben meinem Haus einen Kinderspielplatz! Alles ist aus.«

So kann's einem gehen. Diese Geschichte wird später noch einmal für Heiterkeit sorgen.

Unsere nächsten gemeinsamen Arbeiten sind die

Fallada-Verfilmungen »Kleiner Mann, was nun?«
und »Jeder stirbt für sich allein«. Danach übernehme
ich eine Rolle in dem DEFA-Film »Hände hoch, oder
ich schieße!«, dessen Drehbuch Rudi Strahl geschrieben hat. Es ist die köstliche Geschichte eines Polizisten, gespielt von Rolf Herricht, der in der kleinen
Stadt, in der er seinen Dienst verrichten muß, allmählich gemütskrank wird: Es passiert einfach nichts!
Alle Bürger sind ehrlich, keiner läßt sich zu einem
noch so kleinen Vergehen hinreißen. Der Polizeibe-
amte hat einfach nichts zu tun. Der Film zeichnet das
Bild einer typischen DDR-Kleinstadt: Alles in Ordnung, aber stinklangweilig.

Einigen Handwerkern des Ortes, allesamt ehemals
»schwere Jungs«, tut er mit der Zeit leid, und sie lassen sich etwas einfallen: Sie wollen das auf dem
Marktplatz stehende Denkmal des alten Herzogs
klauen. Einen dieser ehemaligen Knastbrüder spiele
ich – ich habe ein paar Jahre hinter Gittern verbracht,
weil ich die Parteikasse geklaut hatte. Meine Partner
sind Walter Lendrich, der tschechische Schauspieler
Stepanek, Axel Triebel, A. P. Hoffmann und Gerd
Ehlers.

Die Dialoge von Strahl sind selbstverständlich wie
gewohnt ulkig – und respektlos. So hat Lendrich in
der Diebstahlszene zu sagen: »Wie er so guckt, der
Herzog, so traurig, als wenn er wüßte, daß er weg
muß.«

Darauf muß ich antworten: »Kein Denkmal steht
ewig. Da haben sie schon ganz andere weggeräumt!«

Mit dem geklauten Denkmal fahren die Gauner
dann in Richtung Leipzig. Auf dieser Fahrt kommen

sie laut Drehbuch am Völkerschlachtdenkmal vorbei. Dabei hat Axel Triebel zu bemerken: »Das lassen wir stehen, sonst haben sie uns gleich am Arsch.« Eine herrliche Strahl-Pointe, die man sich auf der Zunge zergehen lassen muß.

Wir drehen diesen Film in einem thüringischen Dorf in der Nähe von Saalfeld. An einem Drehtag können wir nicht drehen, da wir wieder einmal auf Sonne warten müssen. Stunde um Stunde vergeht so.

Eine Kindergärtnerin mit ihrer Gruppe hält sich in der Nähe auf. Die Kinder spielen. Als die Frau mitbekommt, daß der gesamte Drehstab nach Sonnenschein Ausschau hält, sagt sie laut: »Kinder, der Onkel Regisseur wartet auf Sonne. Wir singen ein schönes Lied für ihn.« Die Kinder singen: »Liebe, liebe Sonne, komm ein bißchen runter. Laß den Regen oben, dann wollen wir dich loben.« Kasprzik ist an seinem Nerv getroffen. Mit verkrampftem Lächeln, zwischen den Zähnen hindurch, murmelt er: »Danke, danke.« Wir alle stehen und feixen.

Wenige Minuten später ist die Sonne da.

Der Film ist nach einer Weile zwar fertig und auch sehr lustig anzusehen – aber von vornherein zum Scheitern verurteilt. Auch anschließende kosmetische Korrekturen, neue Synchrontexte werden auf die mißliebigen Texte gesprochen, können nicht verhindern, daß der Film Opfer des 11. Plenums wird. Auch die Filme »Spur der Steine«, »Das Kaninchen bin ich« und »Denk bloß nicht, ich heule!« werden aus dem Verkehr gezogen.

Filmminister und Stellvertretender Minister für Kultur ist zu jener Zeit Günter Witt, den ich durch den Schriftsteller Herbert Otto kennengelernt habe. Witt gehört zum Freundeskreis um den »Joliot-Curie-Klub« dem Intelligenzklub von Kleinmachnow. In Diskussionen bestärken wir Witt darin, die Filmpolitik in eine andere Richtung zu bewegen, kritischere Inhalte zu fördern. Witt hat den Mut, dafür zu sorgen, daß solche Stoffe in die Kinos kommen.

Doch das 11. Plenum wird für uns alle eine große Niederlage, ein unglaublicher Rückschritt. Eine besondere Rolle spielt dabei der Dichter Kuba. Er bezeichnet diese Filme als Verbrechen am Sozialismus, die verboten werden müssen. In einem dieser Filme wirke ich selbst mit: »Denk bloß nicht, ich heule!« von Regisseur Frank Vogel mit Peter Reusse in der Hauptrolle. Ich finde diesen Film sehr gelungen, und es ist kaum zu glauben: Diese Filme werden tatsächlich verboten.

Nur »Spur der Steine« erlebt noch seine Premiere im Berliner Filmtheater International in der Karl-Marx-Allee und ist danach auch ein paar Tage in anderen Kinos zu sehen.

Als kollegialer Freund von Regisseur Frank Beyer habe auch ich zur Premiere eine Einladung erhalten. Anwesend sind unter anderem Manfred Krug, Wolf Biermann, Annekatrin Bürger und Rolf Römer. Wir bemerken natürlich, daß das eine besondere Premiere wird. Es kommen Männer mit Windjacken, Trenchcoats und Aktentaschen ins Kino, die sonst bei offiziellen Anlässen im Zehn-Meter-Abstand die Straßenränder säumen. Jeder weiß, was das für Männer sind.

Als der Film etwa zwanzig Minuten läuft, hören

152

wir: »Was soll das? Feinde! Buh! Aufhören!« Die Reaktionen erfolgen oft an der falschen Stelle. Wie wir später erfahren, wurden Parteischüler in die Vorstellung geschickt.

Wir halten dagegen, vor allem Rolf Römer schimpft lauthals: »Ihr habt die falschen Stichworte, eure Buhs sitzen an der falschen Stelle.«

Der Film läuft dann doch bis zum Ende durch, es gibt starken Applaus. Die Störenfriede verlassen kleinlaut das Kino. Als wir auf die Karl-Marx-Allee kommen, erwarten uns vor dem Kino laut diskutierende Gruppen, die uns provozieren. Wir lassen uns jedoch nicht darauf ein, fahren in Frank Beyers Wohnung und feiern die Premiere. Es ist eine traurige Feier. Für ehrliche und anspruchsvolle Arbeiten gibt es in unserem Land offensichtlich keine Zukunft. Das wird für viele Jahre Auswirkungen haben – hervorragende Künstler werden das Land verlassen, das ihnen keine Freiheiten in ihrer Arbeit läßt. Es ist der Anfang einer Entwicklung, die wenige Jahre später in der Biermann-Affäre ihren Höhepunkt finden wird.

Dabei betrifft die Verbotswelle auch mich: Nach dem 11. Plenum wird die von mir moderierte Sendung »Hauptfilm läuft« vom Bildschirm verbannt. In dieser Sendung stellte ich über mehrere Jahre hinweg jeden Sonnabend neue in- und ausländische Filmproduktionen vor.

Wie kam ich zur Moderation dieser Sendung?

Ich war immer etwas traurig, wenn ich Irene Korb mit ihrer Kinosendung sah. Eigentlich wollte ich schon immer eine solche Sendung machen. Aber wer zuerst kommt ...

Eines Tages sagte Irene Korb den Film »Flucht aus der Hölle« an, diesen erfolgreichen Fernsehfilm mit Armin Mueller-Stahl, der von Hans-Erich Korbschmitt inszeniert wurde. Wie zu jedem Film gibt sie auch zu diesem eine kurze Inhaltsangabe.

Es geht um die Kämpfe in Algerien und um die Verbrechen der französischen Terrororganisation »Rote Hand«, von der der von Armin Mueller-Stahl gespielte Fremdenlegionär gefangengenommen wird.

Sagen wollte Irene: »Er gerät in die schrecklichen Klauen der Roten Hand.«

Der Versprecherteufel schlug aber wieder einmal zu, und so gab sie zum besten: »Er gerät in die schrecklichen Klauen der Roten Armee.«

Ob es nun damit zusammenhing, weiß ich nicht, jedenfalls wurde die Sendung einen Monat später vom Sender genommen. Ab 22. August 1962 moderiere ich dann die Kinosendung »Hauptfilm läuft« unter der Redaktion von Evelin Matt und der Regie von Karl-Gerhard Seher.

Zum Konzept der Sendung gehört es, den Entstehungsprozeß neuer DEFA-Filme in Babelsberg zu verfolgen, die Zuschauer hinter die Kulissen zu führen und sozusagen unmittelbar an der Arbeit der Filmschaffenden teilhaben zu lassen. Auf diese Weise stelle ich selbstverständlich auch viele der später vom 11. Plenum verbotenen Filme vor. Das ist dann der Anlaß dafür, »Hauptfilm läuft« aus dem Programm zu nehmen. Erst viele Jahre später wird es die Nachfolge-Sendung »Treffpunkt Kino« geben, die jedoch in redaktioneller Verantwortung des »Progress-

Spielfilmverleih« entsteht. Auch diese Sendung moderiere ich. Vor meinem Mikro habe ich oftmals sehr interessante Gesprächspartner. Höhepunkte meiner Arbeit sind unter anderem Interviews mit Sergej Bondartschuk und Innokenti Smoktunowski, sowjetischen Filmemachern, die weltberühmt sind und bedauerlicherweise später völlig aus unserem Blickfeld verschwinden. In jenen Jahren entstehen in der Sowjetunion weltberühmte Filme wie »Ein Menschenschicksal«, »Der letzte Schuß«, »Die Kraniche ziehen« und »Tschaikowsky«.

Sergej Bondartschuk erzählt mir in einem Interview zum Film »Waterloo« mit Rod Steiger in der Hauptrolle von seiner Regiearbeit. Er ist ein guter Anekdotenerzähler. Ein Beispiel dafür liefert folgende Geschichte, die auch viel über die sowjetische Wirklichkeit aussagt: Es gab große Schwierigkeiten bei den Dreharbeiten zu diesem Monumentalfilm. Tausende von Kleindarstellern mußten eingesetzt werden, um die entscheidende Schlacht filmen zu können. Der Regisseur ist deshalb von erhöhtem Standpunkt aus mit den einzelnen Aufnahmeleitern per Funk verbunden, gibt Anweisungen, wann die einzelnen Truppenteile in Marsch gesetzt werden sollen. Alles wird in einer einzigen Einstellung durchgedreht. Um jede Panne auszuschließen, werden fünf Kameras eingesetzt, die von verschiedenen Standpunkten aus das Geschehen festhalten.

Alles ist bereit. Der Regisseur gibt das Zeichen. Die Aufnahme läuft. Die Schlacht tobt. Aus dem Westen greift die Kavallerie in den Kampf ein. Pyrotechniker zünden die »Granaten«. Rauchschwaden verdunkeln die ganze Szenerie in ein Inferno. Der Regisseur ist zufrieden.

»Aus«, sagt er und befragt die einzelnen Kameraleute: »Kamera 1: Wie war's?«

Antwort: »Leider Fehler am Motor, konnte nicht drehen.«

»Kamera 2, wie war es?«

»Film ist gerissen, konnte nicht drehen.«

»Kamera 3, wie war es bei Ihnen?«

»Hatten Stromausfall, konnten nicht drehen!«

Ist ja nicht schlimm, es gibt ja noch zwei Kameras. Also:

»Kamera 4, wie war's?«

»Unser Kamerastativ ist umgefallen, wir konnten nicht drehen!«

Mit einem winzigen Rest Hoffnung fragt der Regisseur die letzte Kamera:

»Kamera 5, wie war . . .«

»Großartig! Die Probe war super! Das nächste Mal drehen wir mit!«

Da fiel der Regisseur um.

Obwohl ich kein Wort Russisch spreche, soll ich für »Treffpunkt Kino« über die Premiere des sowjetischen Filmepos »Befreiung« aus Moskau berichten. Selbstverständlich möchte ich die Meinung einiger Moskauer Premierenbesucher für die DDR-Zuschauer einfangen. Ich lasse mir deshalb von einem Russen die Frage »Wie hat Ihnen der Film gefallen?« übersetzen und lerne sie auswendig. Die Fragestellung im Foyer des Premierenkinos funktioniert dann auch vorzüglich – nur die Antworten kann ich nicht verstehen. Und vor allem habe ich überhaupt nicht an

die sprichwörtliche Freundlichkeit der Moskauer gedacht, die mich natürlich nach meiner Frage sofort in
ein Gespräch verwickeln wollen. Und so stehe ich
ziemlich hilflos zwischen lebhaft diskutierenden und
gestikulierenden Moskauern. Später haben wir viel
Arbeit damit, aus diesem Durcheinander einen ver-
ständlichen Beitrag für die Sendung zu schneiden.
Beim Ansehen des Filmmaterials amüsieren wir uns
alle köstlich, denn ich habe ständig nur »Da, da – Ja,
ja« gesagt. »Mensch Herbert, toll, wozu du alles ›ja‹
gesagt hast«, lachen meine Kollegen.

Manchmal gelingt es mir aber auch, »nein« zu sagen.

Ich drehe bei der DEFA einen Krimi von Gerhard
Bengsch. Traudel ist erkältet und liegt zu Hause mit
Fieber im Bett. In der Drehpause fahre ich schnell zu
ihr.

Ich finde Traudel weinend vor. Erst auf mein
Drängen hin rückt sie mit der Sprache heraus: »Als
du das Haus verlassen hattest, klingelte es. Zwei
Männer standen vor der Tür. Ich fragte, was sie wünschen, sie sagten: ›Es geht um Ihren Mann, wir müssen mit Ihnen sprechen‹. Sie zeigten ihre Ausweise,
es waren Mitarbeiter vom MfS. Auch daß ich krank
sei, wollten sie nicht gelten lassen, es wäre dringend.
Sie haben von mir verlangt, eine Verpflichtung zu unterschreiben, daß ich für sie arbeite. Sonst hätte das
schwerwiegende Folgen für dich und unsere Familie.«

»Hast du denn unterschrieben?« frage ich.

Weinend sagt sie: »Ja.«

»Wir müssen sofort etwas unternehmen«, entgegne

ich und fahre sofort zurück an den Drehort, wo Günter Simon ist. Ich hoffe, daß er helfen wird.

Und Günter hilft. Er geht zu einem Telefon. Nach wenigen Minuten kommt er zurück und sagt, daß ich am nächsten Tag einen Termin bei Markus Wolf habe.

Günter Simon ist in der DDR durch die »Thälmann«-Filme, die ja an allen Schulen zum Pflichtprogramm gehören, sehr bekannt.

Diese große Popularität gibt ihm die Möglichkeit, Dinge durchzusetzen, die sonst keinem gelingen. Er hilft vielen Kollegen. Aber diese Popularität schränkt ihn auch als Schauspieler ziemlich ein, was er sehr bedauert. In »Lügen haben lange Beine«, Regie Martin Eckermann, ist er mit Jutta Hoffmann zusammen mein Partner. Ich bewundere ihn sehr. Ein Erzkomödiant! Für die meisten bleibt er aber immer der »Ernst Thälmann«.

Günter Simon ist ein starker Raucher, er raucht »Real«. Im Kabarett singen wir dazu eine Zeile: »Real und Turf raucht jeder Mann, rasch tritt der Tod den Menschen an.« Und er trinkt Magenbitter, was mich immer wieder verblüfft. Zudem ist er ein fanatischer und glänzender Skatspieler, in jeder Drehpause wird »Pfennig-« oder »Zehnpfennig-Skat« gespielt.

Auch mein Vater ist ein guter Skatspieler, und er bittet mich später, als die Westberliner wieder nach Ostberlin einreisen dürfen, einmal Günter für eine »ordentliche Skatrunde« einzuladen. Und Günter kommt. Wir spielen eine ganze Nacht lang Skat. Am Ende hat Günter uns so viel Geld abgenommen, daß mein Bargeld nicht zur Begleichung der Spielschulden ausreicht. In meinem Innersten hoffe ich, daß er mir die Spielschuld erläßt. Aber Günter sagt: »Spielschulden sind Ehrenschulden«, und nimmt ohne Zögern einen Scheck von mir an.

In Geldangelegenheiten ist Günter korrekt. Wenn jemand zu feige ist, eine Gagenerhöhung für sich zu beantragen, dann regelt Günter das. Auch mir hilft er in dieser Sache.

Man kann sich völlig auf ihn verlassen. Ich merke es auch an diesem Tag wieder.

Am nächsten Morgen fahren Traudel und ich in die Normannenstraße. Auf dem Weg geraten wir in eine Verkehrskontrolle. Ich bin zu schnell gefahren. Meine Nerven sind bis zum Zerreißen gespannt, denn dieser Termin ist für uns lebenswichtig. Wir schaffen es gerade noch pünktlich, dort zu sein.

Als wir eintreten, werden wir durch eine Glasscheibe über Mikrofon aufgefordert, unsere Ausweise durch einen Schlitz zu schieben. Die Ausweise bleiben dort. Wir werden in einen Raum ohne Fenster beordert, der innen keine Türklinke hat. Dort sitzen wir sehr lange. Wir sprechen kein Wort miteinander. Dann kommt ein Mitarbeiter und teilt uns mit, daß Markus Wolf leider verhindert sei. Wir werden in einen anderen Raum geführt. Dort erzählt Traudel ihre Geschichte. Ich verlange, daß die Erklärung ungültig gemacht wird. Man sagt uns das zu. Wir verlassen das Haus.

Zu Hause angekommen, meldet sich der Chef der Bezirksverwaltung Potsdam des MfS persönlich. Er bittet darum, bei uns vorbeikommen zu dürfen. Wir stimmen zu, wenige Minuten später sitzt der Mann bei uns am Tisch und verbrennt vor unseren Augen Traudels Verpflichtungserklärung. Er entschuldigt sich für das Verhalten seiner beiden Mitarbeiter.

Mir ist klar, daß die ganze Geschichte nur aufgrund meiner Popularität derart schnell beendet werden konnte. Wir atmen erleichtert auf.

Ich arbeite viel. Wir drehen für das Fernsehen den Vierteiler »Krupp und Krause«. Wieder spiele ich mit Günter Simon zusammen.

In dieser Serie wird eine Aufarbeitung der jüngeren deutschen Geschichte versucht. Gerhard Bengsch hat das Buch geschrieben, und Horst E. Brand führt Kamera und Regie, nachdem Regisseur Heinz Thiel ausgeschieden ist. Ich spiele den Barberino, eine Figur ganz nach meinem Geschmack.

Barberino kommt aus kleinen Verhältnissen, ist Sozialdemokrat und in der Nazizeit, da er Motorsport liebt, im NSKK, dem »Nationalsozialistischen Kraftfahrkorps«. Der NSKK gehört zur SA. Nach der Nazizeit verkriecht sich Barberino, denn er fühlt sich schuldig. Er will von Politik nichts mehr wissen, ist ein gebrochener Mann, bis Krause (Günter Simon) ihm wieder Mut macht und ihn aktiviert. Ich fühle mich dem Charakter der Figur sehr nahe. Für »Krupp und Krause« erhält das Filmteam einen Nationalpreis.

Ich bin stolz darauf.

Auch finanziell ist das für mich mehr als nur ein Tropfen auf den heißen Stein: Jeder bekommt 10 000 Mark. Die Preisverleihung entbehrt nicht einer gewissen Komik. Sie findet im Staatsratsgebäude statt, aber wir zukünftigen Preisträger werden bereits vorher im Operncafé gesammelt. Mit Bussen fahren wir in das 500 Meter entfernte Staatsratsgebäude. Es sind sehr viele Leute anwesend, denn zu dieser Zeit ist der Nationalpreis schon eine Massenauszeichnung. Außerdem werden am gleichen Tag noch andere Orden verliehen.

Nach den Reden wird jeder vorgebeten und bekommt den Orden. Im Anschluß an diese ermüdende Prozedur findet ein kleiner Empfang im großen Saal statt. Dort ist ein Büfett aufgebaut, und die Staatsführung spricht einen Toast auf die Ausgezeichneten aus. An dieser Stelle hat man die einzigartige Chance, langgehegte persönliche Wünsche an die richtigen Leute heranzutragen. Auf diese Art wird manchem langjährigen Warten auf das bestellte Auto ein unerwartet schnelles Ende bereitet.

Dann werden wir in den Festsaal zurückgeleitet. Auf jedem Stuhlpolster liegt jetzt ein Couvert. Das sieht sehr komisch aus. In dem Umschlag befindet sich das Wichtigste: ein Scheck. Jeder schmult so schnell wie möglich hinein, denn erst jetzt erfährt man seine Höhe.

Ja, auf diese Art gelingt es mir, die Mitarbeiterinnen der Sparkasse Kleinmachnow glücklich zu machen: Ich komme aus der Gefahrenzone der roten Zahlen.

15. Auf Tour mit dem »Kleinmachnower Kreis«

Mein Wohnort Kleinmachnow liegt in unmittelbarer Nähe der DEFA-Spielfilmstudios, und so liegt es nahe, daß dort viele Menschen leben, die in irgendeiner Weise etwas mit dem Medium Film und Fernsehen zu tun haben. Viele meiner Kleinmachnower Nachbarn sind Kameraleute, Regisseure oder Schauspieler. Irene Korb kommt eines Tages auf die eigentlich sehr naheliegende Idee, dieses einzigartige Potential zu nutzen.

Und so gründet sie mit Fred Mahr und Christoph Engel eines Tages das Kleinmachnower Zimmertheater. Sie geben ihm den Namen »Kleinmachnower Kreis«, spielen kleine Stücke, die mit geringem Aufwand und ohne Dekoration auch in Klassenzimmern, Klubräumen, ja sogar in großen Wohnräumen aufgeführt werden können. Das erste Stück, in dem ich mitspiele, heißt »Auge um Auge« von dem bulgarischen Autor Pantscho Pantschew. Wir packen damit das brisante Thema »Ehrlichkeit« auf sehr offene Art an. Das Stück dauert wie auch später alle folgenden zirka 75 Minuten. Nach der Aufführung haben die Zuschauer dann Gelegenheit, mit uns über das Stück zu diskutieren. Wie sich schnell zeigt, kommt diese Form der Auseinandersetzung mit Kunst sehr gut an

– die Diskussionen dauern mitunter bis zu drei Stunden, die Meinungen prallen oft hart aufeinander. Meist schlagen die Beteiligten an den Diskussionen sehr schnell die Brücke zu den brennenden Alltagsproblemen, und darum geht es uns ja auch – wir wollen mit unserer Kunst Fragen aufwerfen.

Wir schlagen dem Adlershofer Fernsehen vor, einige unserer Aufführungen mit anschließendem Gespräch zu übertragen. Aber freie Diskussionen im Fernsehen? Wo kämen wir da hin?

Auch meine Freunde und Kollegen von der Distel haben es aufgegeben, das Fernsehen für sich nutzen zu wollen. Mit brennenden innenpolitischen Problemen dürfen sich die Kabarettisten per TV auf keinen Fall beschäftigen. Die damals bei Distel-Aufführungen vorhandene und mitunter mutige Kritik an den Verhältnissen in der DDR darf nicht gezeigt werden. Bei den Sendungen wird derart gestrichen, daß die Intendanz des Kabaretts schließlich von selbst auf Übertragungen im Fernsehen verzichtet.

Eines Tages besucht Ulbricht eine Vorstellung der Distel, wenig später flattert dem Ensemble eine Einladung zur Diskussion mit ihm auf den Tisch. Die Schauspieler nutzen natürlich die Gelegenheit, auch ihre Probleme mit dem Fernsehen auf den Tisch zu packen. Sie beschweren sich über die künstlerisch hemmende »Abnahme«-Prozedur. Die Leitung der entsprechenden Abteilung verzichtet auf diesen üblichen letzten Schliff auch nicht vor Direktübertragungen und zerstört den Kabarattisten damit so manche Pointe. Ulbricht jedoch versteht nicht so recht. »Abnahme? Was ist das? Wird da etwas weggenommen?«

Unbewußt trifft er mit seiner Frage den Nagel auf den Kopf, denn nach jeder »Abnahme« ist das Programm der Distel um einige Nummern geschrumpft.

Ulbricht verspricht, sich darum zu kümmern. Doch schon nach kurzer Zeit schlägt die Zensur wieder voll zu – als ob der erste Mann im Staate nie etwas anderes versprochen hätte. Den Kabarettisten bleibt schließlich zur Rettung ihres guten Rufs nur der bereits erwähnte Rückzug vom Bildschirm.

Der Kleinmachnower Kreis arbeitet in seinem Rahmen unverdrossen weiter. Wir lernen das unterschiedlichste Publikum kennen, ziehen mit unseren Aufführungen durch die ganze Republik. Wir spüren, daß unsere Form der »unterhaltenden Bildung« hervorragend ankommt, denn die mitunter sehr kleinen Aufführungsräume sind immer proppevoll. Wir wagen uns nach einer Weile auch an anspruchsvolle Literaturprogramme, unter anderem Heinrich Heine, Theodor Fontane und Georg Werth – und haben den gleichen Erfolg! Das Fontane-Programm läuft auch im Fernsehen, mit dem Heinrich-Heine-Programm werden wir sogar nach Düsseldorf, dem Geburtsort Heines, eingeladen, wo wir nach einigen Querelen mit den DDR-Behörden auch auftreten dürfen. Wir spielen in einem Hörsaal der dortigen Universität, die sich seit Jahren erfolglos darum bemüht, den Namen Heines tragen zu dürfen. Die Stadtväter von Düsseldorf wissen das immer wieder zu verhindern.

Bis zu jener Aufführung ahnte ich kaum, wieviel Brisanz in den Heine-Texten steckt. Im Saal ist es still, die Studenten und Professoren kleben förmlich an unseren Lippen. Das Publikum erkennt jede Pointe, jeden noch so kleinen aktuellen Bezug.

Mit der Zeit wird der Kleinmachnower Kreis, in dem unter anderen neben Irene Korb auch Wilfried Pucher und Angela Brunner mitarbeiten, meine zweite Hauptbeschäftigung neben dem Fernsehen. Ich verlasse ihn erst, als ich aus Kleinmachnow wegziehe.

Mein Leben ist die Arbeit. Sosehr ich das genieße, bedauere ich doch bisweilen, daß ich für die Familie wenig Zeit habe, das Wort Urlaub kaum kenne. Die Kinder sind erwachsen, Gabriele ist verheiratet und hat ihr erstes Kind, das zweite ist unterwegs. Andreas studiert in Babelsberg an der Filmhochschule Kamera. Eine heile Familie. Glaube ich zumindest. Ohne Vorwarnung bricht auf einmal alles zusammen: Gabriele und Andreas wollen mich in der Silvesternacht 1969 sprechen, nachdem Traudel sich zurückgezogen hat. Den Kindern fällt es sichtlich schwer, mir mitzuteilen, daß ich ein gehörnter Ehemann bin, meine Ehe nur scheinbar funktioniert.

Ich kämpfe verbissen und ungläubig um diese Ehe, bis ich nach fast zwei Jahren aufgebe. Der 11. 11. 1971 ist ein schwarzer Tag für mich. Es ist der Tag meiner Scheidung. Ich glaube nicht, daß ich weiterleben kann ohne meine Frau. Ich hatte im privaten Bereich das Gefühl, daß von ihrem Charme, von ihrer Attraktivität, von ihrer Liebenswürdigkeit auch ein kleiner Strahl auf mich fiel. Es schmeichelte mir, daß sie begehrt und beliebt war. Sie hatte zu Hause alle Fäden in der Hand. Ohne sie fühle ich mich hilflos.

Meine Eltern informiere ich nicht. Sehen können

wir uns erst später, als es für Westberliner 1972 wieder möglich wird, nach Ostberlin zu fahren. Am Telefon mag ich nichts sagen, und einen Brief kann und will ich nicht schreiben. Im April 1970 hatten sie ihre »goldene Hochzeit«. Ohne mich. Ich werde ihnen keinen Kummer bereiten.

16. Hoch zu Roß

Als ich das Angebot bekomme, in dem heiteren DEFA-Film »Jungfer, Sie gefällt mir« einen trotteligen Hauptmann zu spielen, sage ich sofort zu. Jurek Becker hat für diesen Film den »Zerbrochenen Krug« von Kleist bearbeitet, Wolfgang Kieling soll den Dorfrichter Adam spielen, Rolf Ludwig den Schreiber Licht und Jan Spitzer den Ruprecht.

Was ich jedoch erst bemerke, als ich meine Unterschrift unter den Vertrag gesetzt habe: Ich muß für diese Rolle reiten lernen!

Reiten ist ein herrlicher Sport, Pferde sind kluge Tiere. Schauspieler haben mitunter die Aufgabe, sie davon zu überzeugen, daß das etwas, das auf ihrem Rücken sitzt, ein echter Reiter ist.

Nun sieht es jeder Regisseur gern, wenn der Schauspieler, der sich als Reiter vorstellt, mit seinem Roß auch dahin reitet, wo eine Kamera steht. Da ein Pferd aber dummerweise kein Lenkrad und keine Bremse hat, ich aber dem Regisseur die Freude machen will, daß er wenigstens ab und zu ein Pferd mit einem Reiter auf dem belichteten Film sieht, nehme ich Reitunterricht. Und das sieht so aus:

Erste Stunde: »Das höchste Glück der Erde liegt auf dem Rücken der Pferde«, sagt der Reitlehrer und hievt mich in den Sattel. Ich kann ihm nicht unbedingt zustimmen, denn ein Pferd ist groß, und wenn man oben sitzt, überlegt man, daß man eigentlich ziemlich lange fallen muß, bis man wieder auf dem Boden ist. Aber erst einmal sitze ich. Der Lehrer hat das Pferd an der Longe. Ich trabe, galoppiere, halte an usw. »Sie machen eine recht gute Figur«, sagt der Lehrer, »man merkt, daß Sie schon einmal auf einem Pferd gesessen haben.« Ich hatte, ja – als Kind auf dem Schaukelpferd! Ich widerspreche ihm aber nicht, denn ich bin der festen Überzeugung, ich bin ein Naturtalent.

»Wissen Sie, Herr Köfer«, sagt der Lehrer, »ich mache jetzt die Leine los. Sie werden mit dem Pferd schon alleine fertig.« Das Pferd muß das falsch verstanden haben. Kaum ist die Leine gelöst, macht es einen Sprung und verläßt den Reitplatz. »Herr Köfer, bleiben Sie hier«, höre ich noch den Reitlehrer rufen, aber da bin ich schon im Park von Babelsberg. Nun weiß ich nicht, ob Sie wissen, was ein gestreckter Galopp ist. Ich wußte es bis jetzt auch nicht. Jetzt weiß ich es. Ich sehe Bäume an mir vorbeiflitzen und überlege, welche Verletzung die angenehmste wäre.

Wie lange die Prozedur andauert, weiß ich nicht. Als ich wieder einmal die Augen öffne, sehe ich einen Hof mit den dazugehörigen Pferdeställen auf mich zukommen. Ohne das Tempo zu verringern, rasen wir auf eine schmale Tür zu. Noch einen Meter – Kopf einziehen – Hände um den Pferdehals – und durch! Das Pferd steht in seiner Box und frißt. Ich sitze immer noch oben und zittere. Nach zehn Minuten kommt der Reitlehrer. Er wundert sich darüber, daß ich noch immer auf dem Pferd sitze, und bittet mich, doch endlich abzusteigen.

Dann kommen die Drehtage, Regisseur Günter Reisch und Drehbuchautor Jurek Becker wollen, daß ich rückwärts, auf einem Pferd sitzend, über den Marktplatz von Görlitz galoppiere und in eine Heringstonne falle.

Zum Drehen ist die Tonne bis zum Rand gefüllt mit lebenden Karpfen. An diesem Tag ist das Thermometer auf vierzig Grad angestiegen, so daß die Tonne zum Himmel stinkt. Der Stunt klappt auf Anhieb, Günter Reisch ruft: »Danke! Gestorben!« Ich rappele mich aus der Heringstonne und muß nun ins Rathaus laufen, um die Kleidung zu wechseln. Alle Kleindarsteller und umstehenden Techniker fliehen panikartig mit zugehaltenen Nasen. Ich bin allein mit meinem Gestank. Bei den Dreharbeiten auf dem Görlitzer Marktplatz muß ich feststellen, daß mir der anstrengende Reitunterricht in gewissen Situationen nicht viel nutzt. Vor allem, wenn man verkehrt auf dem Pferd sitzen muß.

Nachdem meine Ehe mit Traudel gescheitert ist, stürze ich mich um so mehr in die Arbeit und rette mich in eine »2. Ehe«. Ich bin Familienoberhaupt der Rundfunkfamilie Neumann. Jeden Samstag treffen wir uns, um die abendliche Sendung »Neumann 2x klingeln« aufzunehmen. 673 Folgen, jeden Sonnabend, 20 Uhr . . .

Meine »Frau« bleibt zwar dieselbe, aber die Schauspielerinnen wechseln. Der Reihe nach sind das Marianne Wünscher, Eva-Marie Bath und schließlich Brigitte Krause, die das bis zum Schluß bleibt.

Meine »Schwiegermutter« ist Helga Göring, meine »Tochter« Helga Piur. Jochen Gürtner ist unser »Übervater«. Jeder kennt von jedem die Vorzüge und auch die Macken. Das Ende der sehr beliebten Hörspielreihe ist ziemlich sang- und klanglos: eine kurze Information, ein liebloses kaltes Büfett, jeder bekommt ein kleines Blatt, auf dem ein schiefes Haus mit den Namensschild »Neumann 2x klingeln« zu sehen ist. Wir sehen uns verdutzt an.

Jochen Gürtner bringt in der Zeit sehr häufig eine junge dunkelhaarige und sehr eigenwillige Schauspielerin in die »Familie Neumann« mit. Fast jeden Sonnabend ist sie da. Nach den Aufnahmen biete ich ihr immer wieder an, sie nach Hause zu bringen. Aber sie lehnt ab, krempelt sich ein Hosenbein hoch, lacht, setzt sich aufs Fahrrad und fährt davon. Das imponiert mir. Es wird ein richtiges Spiel. Als es Winter wird, sehe ich meine Chancen steigen, denn die Verkehrsverbindungen zum Funkhaus Nalepastraße am Wochenende sind katastrophal. Und es klappt!

Mein Jagdinstinkt ist geweckt. Ich lade sie zu einem Gang über den Weihnachtsmarkt ein. »Vater« Jochen Gürtner hört es mit Wohlgefallen, denn er macht sich echte Sorgen um uns alle. Daß es mir nicht gutgeht seit meiner Scheidung, ist wohl doch sichtbar.

Bei eisigem Wind und Schneeregen wandern Ute und ich über den Weihnachtsmarkt, der aus unerfindlichen Gründen plötzlich im Vergnügungspark Treptow aufgebaut ist.

Wir sind natürlich per »Sie«!

Es ist eine ziemlich trostlose Stimmung dort, unpersönlich und nicht sehr weihnachtlich. Ich versuche es wettzumachen, indem ich Ute ständig zum Lachen bringe. An einer Schießbude nehme ich aus Jux ein Gewehr, zahle sechs Schuß und . . . schieße sechs Blumen, nein, fünf Blumen und einen Klapperstorch.

Das ist mir noch nie gelungen.

Lässig lege ich nach Westernart das Gewehr beiseite, tue so, als wäre das eine Kleinigkeit für mich, und überreiche mit meinem charmantesten Lächeln und meiner sonorsten Stimme den grellen Papierblumenstrauß. Ich sehe in ihre Augen und – ja, da hat es gefunkt. Merkwürdig, und ich dachte, das Leben sei zu Ende . . .

Meine Eltern kommen, nach langer Zeit, und mir gelingt es endlich, sie über meine Scheidung zu informieren. Ute und ich, wir nehmen uns eine kleine Zweizimmerwohnung in der Fischerinsel. Ab jetzt pendle ich zwischen Kleinmachnow und der Fischerinsel hin und her.

17. Überwiegend heiter

Seit den 60er Jahren werden die Schwänke im Fernsehen von der Abteilung »Dramatische Kunst« produziert. Die Mitarbeiter dort sind sehr unglücklich damit, denn sie wollen die »Leichtgewichte« nicht. So entsteht die Abteilung »Heitere Dramatik«. Voller Neid schiele ich zu den Produktionen, ich würde nämlich gern dort arbeiten. Eines Tages bietet sich mir eine gute Gelegenheit.

1. Mai, »Kampftag der Arbeiterklasse«:

Wie jedes Jahr treffen sich die Angestellten des Fernsehens zur Demonstration. Morgens, 9 Uhr, Stellplatz Koppenstraße. Die Demonstration beginnt mit einem stundenlangen Füße-in-den-Bauch-Stehen. Aber man freut sich, mit Kollegen reden zu können, die man lange nicht gesehen hat. Obwohl die Verständigung etwas schwierig ist: Aus den Lautsprechern schallt Marschmusik, die einzelnen Betriebe werden begrüßt.

Hat man ein bis zwei Stunden gestanden, rückt man zentimeterweise vor. Doch plötzlich geht's im Laufschritt weiter, wir kommen in die Nähe der Tribüne mit versammelter Staatsführung. Drei Marschsäulen nebeneinander.

Das Fernsehen ist dabei, filmt vorn an der Tribüne. Wir befinden uns in der dritten Marschsäule, ganz außen, jedes Jahr. Aus den Lautsprechern tönt es: »Wir begrüßen die tüchtigen Helfer der Berliner Müllabfuhr!« Jubelnd und winkend ziehen wir vorbei. Jedes Jahr ist es dasselbe.

An einem solchen 1. Mai stehe ich zufällig neben Günter Stahnke, der in der Abteilung »Heitere Dramatik« als Regisseur arbeitet. »Sage mal«, spreche ich ihn an, »ihr macht so viele Schwänke, ist da nicht auch einmal für mich eine Rolle drin?«

Stahnke blickt mich ganz erstaunt an. »Du? Du willst in Schwänken mitspielen?«

»Mit großer Freude«, erwidere ich.

»Gut, dann kannst du bei mir eine Rolle haben. Ich schicke dir ein Buch zu«, sagt mir Stahnke.

Wenige Tage später halte ich das von Werner Bernhardy geschriebene Drehbuch zu dem Schwank »Bitte recht freundlich« in der Hand, wo ich an der Seite von Marianne Kiefer eine Doppelrolle spiele. Daraus wird zum Schluß sogar eine »Dreifachrolle«, denn uns fehlt eine richtige Schlußpointe. Wir kommen schließlich darauf, aus den von mir dargestellten Zwillingen Drillinge zu machen!

Der aus dem Kulturhaus Bitterfeld übertragene Schwank wird ein Erfolg. Das ist der Startschuß für meine »Spät«-Karriere in der heiteren Dramatik, die mir viel Popularität einbringt.

Wenn unsere Sendungen am Wochenende laufen, spüre ich die Publikumsreaktionen am Montag auf der Straße, in der Kaufhalle oder an der Tankstelle. Die Leute halten mich an und sagen: »Mensch, Herr Köfer, haben wir am Sonnabend wieder gelacht!« Das baut mich dann wieder auf, denn am Montag morgen mag ich keine Zeitung in die Hand nehmen und aufschlagen. Dort erwartet mich garantiert ein Verriß. Die Leute lachen trotzdem.

Wir Darsteller der Schwänke (»Die Ostsee ruft«, »Du bist dran mit Frühstück!«, »Das Gesellenstück«, »Meine Frau macht Geschichten«, »Heiraten weiblich«) werden zu Publikumslieblingen – dazu gehören u. a. Günter Schubert, Willi Narloch, Rolf Herricht, Hans-Joachim Preil, Walter Richter-Reinick, Gerd E. Schäfer, Heinz Rennhack, Helga Hahnemann, Ingeborg Krabbe. Mehrfach werden Rolf Herricht, Walter Richter-Reinick, Helga Hahnemann, Heinz Rennack und ich zu »Fernsehlieblingen« gewählt. Wie ich später erfahre, schalten sich bis zu 60 Prozent der DDR-Haushalte zu. Von Direktübertragungen geht das Fernsehen später zu Aufzeichnungen in den Kulturhäusern von Zinnowitz, Buna und Bitterfeld über.

In dieser Zeit drehe ich unter anderem auch den heiteren Fernsehfilm »Neues aus der Florentiner«. Regie führt Klaus Gendries. Ich spiele in einer Szene mit Partnerin Jessy Rameik einen Witwer, der einer Witwe einen Heiratsantrag machen will, aber verschweigen möchte, daß er schon drei Kinder hat. Er weiß nicht, daß sie sich in der gleichen Lage befindet. Sie fragt vorsichtig: »Lieben Sie denn Kinder?«

»Ach, am liebsten hätte ich doppelt so viele«, antworte ich.

»Das können Sie haben«, entgegnet sie und öffnet die Tür. Ihre drei Kinder, die an der Tür gelauscht haben, purzeln herein. Diese Episode gefällt den Zuschauern so sehr, daß sie immer wieder gewünscht und in vielen Sendungen wie zum Beispiel »Tele-Lotto« wiederholt wird.

In dem Lustspiel »Meine Frau macht Geschichten« spiele ich mit Annekatrin Bürger und Rolf Römer, Regie führt Günter Stahnke. In dieser Zeit haben wir eine Veranstaltung in Gera.

Danach sind wir zu einem Empfang des Bürgermeisters in die Bar des Interhotels in Gera eingeladen. Wir gehen zum Einlaß, ich trage eine Wildlederjacke, keinen Schlips.

»Ohne Schlips kommen Sie hier nicht rein!«

»Ach«, erwidere ich, »wenn ich einen Trainingsanzug anhabe und eine Krawatte, komme ich bei Ihnen rein, ja?«

»Nun werden Sie mal hier nicht unsachlich«, hält der Einlasser dagegen.

Wir stehen, versuchen den Einlasser gemeinschaftlich zu überzeugen, unsere Stimmen werden immer lauter. Schließlich sagt Annekatrin: »Wir machen einen Sitzstreik im Foyer!« Rolf Römer bindet seinen Schlips ab.

Wir ziehen also alle nach oben ins Foyer, setzen uns provokativ vor die Rezeption. Unten scheint man doch unruhig zu werden, denn ab und zu schaut jemand mit Schlips um die Ecke. Nach immenser Verzögerung werden wir schließlich schlipslos und klammheimlich in die Bar geschleust.

In dieser Zeit spiele ich auch hervorragende Charakterrollen, unter anderem in dem Dreiteiler »Eva und Adam« von Gerhard Bengsch den Kohlenträger Lienau mit der begabten Partnerin Jenny Gröllmann. Eine wunderbare Rolle ist auch der Maurer Rankin in O'Caseys »Ein Freudenfeuer für den Bischof«, mein Partner ist Günther Naumann. Es ist eine der wenigen Inszenierungen, die ausschließlich mit Mitgliedern des Schauspielerensembles des Fernsehens besetzt ist. Regie führt Gerd Keil.

Es ist wie verhext, daß ich gerade zur Geburt meiner Tochter Mirjam am 26. Juli nicht in Berlin sein und zitternd vor dem Kreißsaal »Maria Heimsuchung« in Pankow sitzen kann. Ich drehe in Cottbus den Film »Verdammt, ich bin erwachsen« unter der Regie von Rolf Losansky. Meine Schwiegertochter Christa (Andreas hat inzwischen geheiratet und ist selbst Vater geworden) ist mit von der Partie als Kameraassistentin und Filmfotografin. Wir sitzen und bangen in Cottbus in der Bar und stehen in ständiger telefonischer Verbindung mit dem Kreißsaal. Kurz nach Mitternacht ist es soweit. Ich kann Ute sprechen. Ich sage: »Na und, was ist es?«

Ute antwortet: »Na, was du dir gewünscht hast!«

»Das ist ja großartig«, sage ich überglücklich und erleichtert. Ich lege auf.

Der ganze Drehstab sieht mich erwartungsvoll an: »Na, was isses?«

»Na, was ich mir gewünscht habe!«

»Ja und? Was hast du dir denn gewünscht?«

Verzweifelt setze ich mich. In meiner Begeisterung habe ich völlig vergessen. »Hatte ich mir nun einen Jungen oder ein Mädchen gewünscht?«

In der Fischerinsel wird dann richtig nachgefeiert. Schließlich habe ich eine große Familie: Gabriele und Andreas sind verheiratet, und ich bin bereits dreifacher Großvater, später dann vierfacher!

Von meinen Enkeln werde ich nicht Opa, sondern »Daddy« genannt. Das ist für mich sehr schmeichelhaft, obwohl damit eigentlich »Teddy« gemeint ist. Mein erster Enkel Jamesy rief nämlich einmal, er brabbelte gerade seine ersten Worte, als ich ihm einen Teddy ins Bettchen reichte: »Detti, Detti!«

Dabei blieb es dann. Jedesmal wenn er mich sah, nannte er mich: »Detti!« Meine Kinder und die anderen Enkel übernahmen das.

Die Wohnung in der Fischerinsel ist natürlich für drei Personen sehr klein. Aber wir haben aus dem 20. Stockwerk einen wunderbaren Blick über die Spree. Natürlich sind wir auf die Fahrstühle angewiesen. Gerade in den ersten Wochen und Monaten funktioniert in diesem Haus fast nichts. Die beiden Fahrstühle schon gleich gar nicht.

Nach einem anstrengenden Drehtag treffe ich vor dem kaputten Fahrstuhl Celino Bleiweiß, einen Regisseur des Fernsehens. Ich bin wütend, er lächelt, wie das so seine Art ist. Es stellt sich heraus, daß er mit seiner Frau, der Schauspielerin Monika Woytwowicz, und Tochter Ina in der 11. Etage wohnt, günstiger als ich. Wir steigen also elf Etagen zusammen. Das ist der Anfang einer langjährigen Freundschaft. Noch öfter meistern wir gemeinsam den Aufstieg, reden über das Fernsehen, über Gott und die Welt. Und wie häufig trägt Celino den Kinderwagen mit bis in die 20. Etage, Ute läuft mit Säugling Mirjam auf dem Arm hinterdrein. Kinderwagen stehenlassen ist nicht drin, da alles geklaut wird, was wegzutragen geht. So kommt es, daß wir von Zeit zu Zeit in der gastlichen 11. Etage Rast machen. In einem Zeitungsartikel finden wir eines Tages den Hinweis, daß die Rationalisierungsbrigade der Personenaufzüge für den Bau Fischerinsel den »Goethepreis der Stadt Berlin« erhalten hat. Was haben wir darüber gelacht!

In der Fischerinsel erleben wir eines Tages sogar ein Erdbeben. Wir sitzen gerade beim Abendbrot, als es uns beiden plötzlich ganz flau im Magen wird. Noch während wir über die Ursache unseres Unwohlseins rätseln, sehen wir plötzlich mit ungläubigem Staunen, wie sich die Teller, Tassen und Gläser auf unserem Tisch bewegen. Zu Tode erschreckt schnappe ich Mirjam, die bereits schläft, dann laufen wir auf den Flur, wo sich bereits weitere Nachbarn versammelt haben.

Wir denken sofort, daß das Haus einstürzen wird, da vor kurzem schwere Baumängel festgestellt wurden. Wir laufen alle so schnell wir können die 20 Stockwerke nach unten. Irgendwo hatten wir gehört, daß in solch einem Fall kein Fahrstuhl benutzt werden darf, weil er sich verkantet. Vor dem Haus ist die Straße schwarz vor Menschen. Alle laufen und reden durcheinander.

Ein hilfloser ABV versucht, die Panik zu dämpfen. Aber er hat auch keine Erklärung. Ich biete mich an zu telefonieren. Erst rufe ich die Nachrichtenabteilung des Rundfunks an, dann die Wetterwarte in Potsdam. Vielleicht ist es ein Erdbeben? Doch keiner will mir dort eine Auskunft geben – es ist wie immer. Natürlich ist es ein Ausläufer des schweren Erdbebens in Norditalien. Doch bevor die Nachricht über die Hintergründe dieser ominösen Bewegungen freigegeben wird, muß das Politbüro wahrscheinlich erst darüber entscheiden, ob es in einem sozialistischen Land so etwas wie ein Erdbeben geben darf.

1976 bekomme ich von der DEFA das Angebot, in der Anna-Seghers-Verfilmung »Licht auf dem Galgen« die Rolle eines Gutsverwalters zu spielen, an der allerdings nicht viel dran ist. Ich sage zu, obwohl ich bezweifle, daß ich viel aus der Rolle herausholen kann.

Eines jedoch ist sehr reizvoll – der Film soll auf Kuba gedreht werden. Ich kann also zehn Tage mit dem Drehstab nach Kuba fliegen, ein Traum für mich, eine Sensation.

Ich bekomme einen Reisepaß – das heißt, ich bekomme ihn natürlich nicht. Der Paß verbleibt bei der Produktionsleitung. Er wird mir nur kurz vor dem Abflug in Schönefeld vor der Kontrolle übergeben, verbleibt bis nach der kubanischen Paßkontrolle in meinem Besitz, um danach sofort wieder von der Produktionsleitung eingesammelt zu werden. Mir wie auch meinen Kollegen wird ganz offensichtlich mißtraut – wir könnten uns ja über Havanna in den Westen absetzen.

Auf der Zuckerinsel erwartet mich die nächste Überraschung – ich habe nur einen Tag zu drehen! Die restlichen neun Tage verbringe ich am wunderschönen Strand von Trinidad, wohin wir nach einem Tag Aufenthalt in Havanna weitergefahren sind. Dort beziehen wir ein eben fertiggestelltes Hotel direkt an der Karibik – und fühlen uns wie im Paradies. Die große Hitze ist nur im Wasser auszuhalten. Dort spreche ich vor idyllischer Naturkulisse – strahlendblauer Himmel, Palmen und schneeweißer Strand –

mit meinem Kollegen Klaus Bamberg die nächsten Rollen für den Kleinmachnower Kreis durch.

Klaus Bamberg und ich sind ständig zusammen – denn wir haben für unsere zwei Hotelzimmer nur einen Schlüssel bekommen. Der zweite Schlüssel ist einfach nicht zu finden. Für uns heißt das, ständig aufeinander zu warten, keinen Schritt ohne den anderen zu gehen. Das bringt uns schon bald den Spitznamen »das Pärchen« ein. Verabschieden wir uns am Abend von den anderen Kollegen, sagen sie: »Das Pärchen geht schlafen!«

Kurioserweise findet sich der Schlüssel einen Tag vor unserer Abreise dann doch noch an. Doch damit nicht genug – einen Tag nach der Ankunft in Berlin greife ich zufällig in meine Hosentasche und halte plötzlich einen Hotelschlüssel in der Hand. Nach einem Moment des Erstaunens muß ich herzhaft lachen – nun sind unsere »Nachbewohner« ebenso aufeinander angewiesen, wie wir es waren!

Bei dem Rückflug aus Kuba hoffe ich inständig, daß alles glattgeht, denn schon am nächsten Morgen um zehn Uhr ist im Standesamt Teltow der Termin der standesamtlichen Trauung mit Ute.

Alles klappt. Doch geraten Ute und ich sofort nach meiner Ankunft in Streit darüber, ob wir unsere Tochter Mirjam mitnehmen oder nicht. Wir sind bald an dem Punkt angekommen, daß wir gar nicht mehr hingehen wollen. Schließlich gebe ich nach. Mirjam wird nicht in den Kindergarten gehen, sondern kommt als einziger Zeuge der Trauung mit. Am Morgen fällt mir ein, daß ich keinen Anzug im Koffer habe. Also: auf nach Kleinmachnow. Der hellbraune

Anzug ist der einzige, der noch einigermaßen in Schuß ist, ich ziehe ihn rasch über. Socken wechseln, Hemd in die Hose. In der Hose entdecke ich ein Loch. Was tun? Ute nimmt eine Sicherheitsnadel ...

Mirjam quengelt. Es ist schon kurz vor zehn Uhr. Schnell ins Standesamt! Aussteigen, nach oben rennen. Vor der Tür steht schon die Standesbeamtin. Musik: Zwischenspiel aus »Notre Dame«. Unsere Füße versinken im moosgrünen Teppich. Wir setzen uns. Ute nimmt Mirjam auf den Schoß. Vor uns steht ein Flügel, auf dem das Tonbandgerät steht, an der Wand gegenüber hängt ein überlebensgroßes Porträt des ernst dreinblickenden Willi Stoph. Die Standesbeamtin beginnt: »Liebes junges Brautpaar!« (Ute ist 32, ich bin über 50!) Sie stockt. »Liebes Brautpaar!«

Mirjam sagt laut in die Pause: »Der Onkel gefällt mir nicht«, und zeigt auf besagtes Porträt. Die Standesbeamtin fährt fort, als hätte sie nichts gehört.

»Der Onkel gefällt mir nicht«, kommt es wieder von Mirjam. Ich merke, daß ich ärgerlich werde, und versuche, streng zu meinem Kind zu gucken. Sie schaut mich groß an. »Papa, der Onkel gefällt mir nicht!«

»Psscht!«

Ute kramt nervös in ihrer Tasche. Die Beamtin spricht leicht irritiert weiter, weil niemand ihr zuhört. Endlich drückt Ute eine kleine Nuckelflasche mit Liebesperlen in Mirjams Hand. Endlich Ruhe! Wir atmen auf.

In die feierliche Stille hinein schießt Mirjam die Liebesperlen aus der Flasche, kleine bunte Kugeln im moosgrünen Teppich. Wir unterschreiben etwas in der Ahnung, daß das mit unserer Eheschließung zu tun haben muß. Das nächste Brautpaar schaut schon zur Tür herein mit großer Gesellschaft, und wir krauchen auf dem Boden herum und sammeln die Liebesperlen ein. Mit feierlichen Eheschließungen habe ich eben kein Glück.

Viel später wird dieses Erlebnis in einer Episode der »Schauspielereien« nachempfunden. Ich spiele den Standesbeamten, Ute die Braut, den Bräutigam Lothar Gerber, auch Brigitte Krause und Johannes Knittel sind mit von der Partie. Nur Mirjam ist natürlich schon viel zu groß, um ihren Part selbst zu übernehmen. Das hätte sie zu gern noch einmal gespielt. Natürlich ist diesmal das »Der Onkel gefällt mir nicht« auf den Standesbeamten bezogen. Wie das eben so war, nicht wahr?

Nachdem ich erfolgreich in mehreren Kriminalfilmen von Werner Toelcke mitgewirkt hatte, bietet mir Kurt Jung-Alsen eine Hauptrolle in dem vierteiligen TV-Krimi »Schatten über Notre Dame« an. Unter Kurt Jung-Alsen spielte ich bereits den »Conti« in »Emilia Galotti« von Lessing, in dem Armin Mueller-Stahl den »Orsino« spielte. Auch im dreiteiligen Fernsehfilm »Die Dame aus Genua«, in dem Armin Mueller-Stahl wieder mein Partner ist, spiele ich unter der Regie Jung-Alsens.

Er ist ein guter Regisseur, der auch während der hektischsten Dreharbeiten nie seinen Sinn für Humor verliert, und ein unglaublicher Schnellsprecher. In einer Minute kann er mindestens zehn Geschichten erzählen. Wenn eine Filmaufnahme »gestorben« ist, sagt er stereotyp: »Gut, aber schlecht.«

Eines Tages bin auch ich Zielscheibe seines Humors. Ich werde am Ende des 2. Teils erschossen, eine Einstellung, die für den Abspann gebraucht wird.

Der Abspann wird gedreht. Ich liege während der gesamten Aufnahme auf der Erde, »erschossen«, darf mich nicht rühren. Kurt Jung-Alsen sagt: »Bleibe liegen und rühre dich nicht, bis ich ein Zeichen gebe! Kamera ab, bitte!«

Ich bemühe mich also nach Kräften, während der gesamten Szene eine überzeugende »Leiche« abzugeben, rühre mich nicht von der Stelle, atme ganz flach und bewege nicht einmal meine Augen unter den geschlossenen Lidern. Als es nach einer Weile um mich herum totenstill wird und kein Signal vom Regisseur kommt, denke ich, na gut, es wird sicher noch eine Nahaufnahme gedreht. Ich rühre mich nicht. Doch nach weiteren qualvollen Minuten des reglosen Herumliegens kommt mir das Ganze dann doch etwas eigenartig vor. Ich fasse mir ein Herz, öffne langsam ein Auge – und sehe nichts! In der offenen Tür eine Pyramide von Köpfen, die sich mühsam das Lachen verkneifen. Jung-Alsen hat, nachdem die Szene »im Kasten« war, dem Drehstab zugeflüstert: »Den Köfer lassen wir liegen. Wir machen Mittagspause!«

An einem anderen Tag vergeht uns das Lachen:

Für eine Szene wird mit einer richtigen MPi durch eine Tür geschossen. Als Kommissar muß ich neben der Tür stehen. Nachdem alle Sicherheitsvorkehrungen getroffen sind, drehen wir. Die Schüsse gehen auch richtig durch die Tür und treffen genau in einen Spiegel, der an der Wand der Tür genau gegenüber hängt. Die Splitter umschwirren mich, doch nicht ein Splitter trifft mich . . . Wie sagt man: Das hätte leicht ins Auge gehen können!

18. Das Spiel mit dem Feuer

Gefährliche Situationen erlebe ich in vielen Produktionen.

Im Fernsehspiel »Ein Häuschen im Grünen« soll ich mit einem Kind an einer Dampfmaschine spielen. Die Maschine läuft, es wird gedreht. Doch irgendein Ventil ist verstopft, der Kessel explodiert. Durch Zufall haben wir uns noch nicht so weit über die Maschine gebeugt, wie es das Drehbuch vorsieht. Das wäre um ein Haar schiefgegangen! Ich muß wirklich einen Schutzengel haben.

In Bulgarien drehen wir den DEFA-Film »Einer muß die Leiche sein«. Monika Woytwowicz ist die Leiche. Drehort ist eine Insel, wir müssen also täglich übers Schwarze Meer. Jetzt ist Drehschluß auf der Insel. Eine offene Barkasse soll uns wieder ans Festland bringen. Es gibt eine Sturmwarnung, schwarze Wolken verdunkeln den Himmel. Wir machen uns schon mit dem Gedanken an einen längeren Aufenthalt auf der Insel vertraut. Aber der Bootsführer lächelt: »Lächerlich, ich fahre übers offene Meer, da ist das Wasser ruhiger als an der Küste. Einsteigen!«

Die Überfahrt wird für uns alle die schlimmste Schiffsreise unseres Lebens. Ich hätte nie für möglich gehalten, wie hoch Wellen ein Boot tragen können – und wie tief es danach fallen kann. Daß die Planken dem Druck und dem Aufprall standgehalten haben, ist ein wahres Wunder. Wir dachten jedenfalls, daß es nicht nur eine Leiche geben würde.

In dem Film »Schüsse unterm Galgen«, Regie Horst Seemann, spielen Gerd E. Schäfer und ich zwei Offiziere zu Pferde. Über den See flieht der Held David Balfour. Wir sollen mit Vorderladerpistolen hinterherschießen. Horst Seemann will unbedingt den Feuerstrahl sehen.

Der Requisiteur drückt zuviel Pulver in die Läufe. Wir schießen, eine gewaltige Explosion folgt. Die Pferde bäumen sich auf, fast alle Reiter purzeln herunter, nur meinem Pferd gelingt es nicht, mich abzuwerfen (gelernt ist eben gelernt). Die anderen Pferde galoppieren in Richtung Autobahn, und erst sechs Kilometer weiter, auf der Autobahn, gelingt es uns, die Pferde einzufangen.

Das Fernsehen beginnt, unter dem zunehmenden Erfolgsdruck bundesdeutscher, aber auch tschechischer und ungarischer Serien, selbst Unterhaltungsserien zu produzieren.

Für mich bringt die Mitwirkung an den Serien »Rentner haben niemals Zeit« und »Geschichten übern Gartenzaun« noch einmal einen ungeheuren Popularitätsschub. Das gilt ebenso für Helga Göring, die meine Frau spielt. Für die Zuschauer ist es schon bald klar: Die beiden gehören zusammen! Da können wir in der Öffentlichkeit noch so oft klarstellen, daß wir »nur« gute Kollegen und Freunde sind – immer wieder bekomme ich bei Begegnungen mit Zuschauern zum Abschied zu hören: »Und grüßen Sie schön Ihre Frau, die Frau Göring!«

Meine Beliebtheit nutzt mir mitunter bei meiner Beziehung zur Volkspolizei.

In Dresden drehen wir »Geschichten übern Gartenzaun«. Just Wagner, der Chef der »Heiteren Dramatik«, fährt auf dem Weg nach Dresden auf der Autobahn hinter mir. Wir fahren zu schnell, werden gestoppt. Ich verteile Autogramme, er kriegt Stempel. An diesem Tag hadert Just Wagner mit seinem Schicksal.

Ich erlebe aber auch die andere Variante: »Ha, ha, Rentner haben niemals Zeit, Herr Köfer! Aber auch Rentner kriegen Stempel, wenn sie zu schnell fahren!« Rumms, sind die Stempel drin!

Ein Erlebnis mit der Volkspolizei hat noch ein Nachspiel. Ich fahre nachts über die kleine Brücke am Teltowkanal. Mein Wagen ist weit und breit das einzige Auto. Ein einzelner Verkehrspolizist steht am Straßenrand und stoppt mich. »Verkehrskontrolle! Steigen Sie aus, öffnen Sie den Kofferraum! Nehmen Sie Ersatzrad, Warnkreuz, Abschleppseil und alles andere aus dem Wagen!«

»Wozu?« frage ich.

»Sie stellen hier keine Fragen!«

Ich lege alle Sachen auf die Erde. Als nichts mehr im Kofferraum ist, sagt er: »Sie können wieder einpacken«, und gibt mir meine Papiere zurück.

Ich koche vor Wut. »Das packen Sie jetzt ein«, sage ich.

»Nein, das darf ich nicht.«

Wir brüllen uns an. Ich schlage die Tür zu und fahre los. »Das lasse ich mir nicht gefallen«, knirsche ich mit den Zähnen. Meine Michael-Kohlhaas-

Anwandlung hat Erfolg: Der Polizist muß sich nach meiner Beschwerde bei mir persönlich entschuldigen.

Er hatte Langeweile und wollte die Zeit totschlagen!

In einem anderen Fall bekenne ich mich schuldig.

Nach dem schweren Busunglück in Langenweddingen bei Magdeburg müssen Busse vor geöffneten Bahnschranken halten. Eines Tages komme ich vom Drehen bei der DEFA, biege links ab und will am Bahnhof Drewitz über den Bahnübergang fahren. Auf der linken Seite stehen zwei Verkehrspolizisten, sehen mich, stecken die Köpfe zusammen und zeigen auf mein Auto. Ich denke irritiert: »Was wollen die?« In dem Moment kracht es. Ich fahre in den vor mir haltenden Bus. Wie sich später herausstellt, hatte der eine Polizist nur zu dem anderen gesagt: »Ach, sieh mal, da ist ja der Herbert Köfer!«

Liebenswürdig ist das Verhalten einer jungen, bildhübschen Verkehrspolizistin. Ich komme von der Autobahn Rostock, fahre in Richtung Stralsund. Der erste Ortseingang wird mir zum Verhängnis. Ich habe noch das Tempo von der Autobahn im Blut. Ich werde gestoppt. Die junge Dame schaut zum Fenster herein, guckt mich erschrocken an. »Herr Köfer, wissen Sie, wie schnell Sie gefahren sind? 90 Kilometer in der Stunde! Fahren Sie schnell weiter!«

Das lasse ich mir nicht zweimal sagen! Natürlich fahre ich nun mit der vorgeschriebenen Geschwindigkeit.

Zwei schöne Episoden mit Verkehrspolizisten sind leider nicht mir, sondern Kollegen zuzuschreiben.

Robert Trösch überquert mit einem Kollegen bei

Rot die Straße. Ein Polizist hat es gesehen. »Ich muß Sie gebührenpflichtig verwarnen, Sie dürfen bei Rot nicht über die Straße gehen!«

Trösch fragt: »Gilt das auch für Nationalpreisträger?«

»Oh«, sagt der Polizist, »entschuldigen Sie bitte. Ich wünsche Ihnen noch einen schönen Tag!«

Trösch und sein Kollege gehen weiter. Nach einer Weile sagt der Kollege: »Aber soweit ich weiß, hast du doch gar keinen Nationalpreis.«

»Man wird doch aber mal fragen dürfen«, antwortet Trösch.

Ernst Kahler fährt mit seinem Fahrrad über eine Behelfsbrücke in Berlin-Baumschulenweg. Irgendwo steht ein Schild »Radfahren verboten!« Er ignoriert es. Ein Polizist kommt und sagt in sehr barschem Ton: »Können Sie nicht lesen?«

Es ist wohl die dumme Frage, die Ernst ärgert. Jedenfalls antwortet er: »Nein!«

Pause.

Der aus der Fassung gebrachte Volkspolizist sagt: »Sie müssen doch lesen können!«

»Nein«, beharrt Ernst.

»Was sind Sie denn von Beruf?« will der Polizist wissen.

»Regisseur.«

Der immer verzweifelter wirkende Polizist sagt: »Aber da müssen Sie doch lesen können!«

»Nein«, sagt Ernst, »die Schauspieler lesen mir ja die Texte vor!«

Da setzt sich der Polizist auf einen großen Stein, winkt resigniert ab und meint: »Fahren Sie weiter!«

Unser Beruf bringt es mit sich, daß man einen Großteil seiner Zeit auf den Straßen hinter dem Lenkrad verbringt. Besonders schlimm ist es im Winter, wenn das Fahren oft eine Zitterpartie ist – schaffe ich es oder schaffe ich es nicht? Bei der »Nacht der Prominenten«, die im Winterquartier des Zirkus Busch in Hoppegarten einige Jahre lang stattfindet, bin ich viermal dabei. Aber das eine Mal schaffe ich es fast nicht. Ein regnerischer Tag vor Weihnachten. Es wird dunkel, die Straßen überfrieren. Ich fahre mit dem Auto los und rutsche sofort auf den Bürgersteig. Es hat keinen Zweck. Ich versuche, eine Taxe zu bekommen. Doch die Taxen dürfen bei dem Wetter nicht fahren.

Ich flehe einen jungen Taxifahrer an, der sich erbarmt. Die Fahrt ähnelt einem Selbstmordkommando. Aber wir schaffen es.

Bei der »Nacht der Prominenten« machen mir die Pferdedressuren den meisten Spaß, auch wenn ich bereits während den Proben erfahren muß, wieviel Schweiß es kostet, bis die Pferde endlich so laufen, wie man es will. Der Abschluß meiner Pferdenummer ist ein sogenannter »Steiger«. Dazu muß ich mich vor die Pferde stellen, die Peitsche heben und irgendwelche unverständlichen Laute ausstoßen. Das Pferd stellt sich dann auf die Hinterbeine und folgt mir so lange, bis ich die Peitsche herunterlasse. Danach trete ich schnell zur Seite, damit ich nicht von den Hufen getroffen werde. All das tue ich programmgemäß, doch plötzlich werde ich zur Seite gerissen. Im Rückwärtsgehen habe ich den Manegenausgang verfehlt und bewege mich auf den erhöhten Manegenrand zu.

Wenn mich der Dresseur nicht gepackt hätte, wäre ich zu Fall gekommen. Die Gefahr, die Vorderhufe des Pferdes ins Gesicht zu bekommen, ist gebannt.

Bei einer anderen »Nacht der Prominenten« trete ich mit Gerd E. Schäfer in einer Clownsnummer auf, ein schweres Stück Arbeit. Wie leicht sieht das aus, doch wieviel Mühe macht es, den Zuschauern auch nur ein kleines Lachen zu entlocken! Den größten Lacher ernten wir schließlich an einer Stelle, an der gar keiner geplant ist:

Finale. Alle stellen sich noch einmal in der Manege den Zuschauern vor. Neben uns läuft Stefan Lisewski, der an diesem Abend Bären vorgeführt hat. Als Maske habe ich eine ziemlich große Clownsnase angeklebt. Mit Blick auf diese Nase macht Stefan einen Scherz: »Wie die Nase des Mannes, so sein Johannes!«

Riesengelächter im Zuschauerraum – da merken wir, daß wir vergessen haben, unsere kleinen Mikrofone abzuschalten.

Auch in Halle gab es einmal eine »Nacht der Prominenten«. Hans-Joachim Preil und ich probieren in Halle die Komödie »Pierre und Isabell«, meine Partnerin ist Marylou Poolmann. Während der Probezeit gastiert in der Stadt der Zirkus Barlay. Irgend jemand hat die Idee, für einen guten Zweck eines »Nacht der Prominenten« zu organisieren.

Der Reinerlös der Veranstaltung soll den Geschädigten eines Hochwassers zugute kommen. Hansi und ich spielen einen Sketch im – natürlich leeren – Tigerkäfig. Der Dompteur macht den Vorschlag, kurz vor der Schlußpointe die Tiger in den Käfig zu lassen. So, daß wir im gleichen Augenblick den Käfig auf der anderen Seite verlassen können.

Es ist alles genau abgesprochen.

Die Veranstaltung läuft. Alles geht glatt bis, ja bis zu einer Stelle im Text, an der es eigentlich gar nichts zu lachen gibt. Aber die Leute schütten sich aus vor Lachen. Wir spielen weiter, etwas verunsichert.

Plötzlich wird Hansi blaß. Zeitgleich spüre ich einen heißen Atem an meinem linken Bein. Und da wird mir klar: Der Dompteur Born hat das Stichwort verwechselt und die Tiger zu früh in den Käfig gelassen. Ich weiß nicht, wie wir die letzten Textzeilen über die Runden bringen. Die Pointe hat sowieso Tiger Bombay an sich gerissen. Er setzt sich, nachdem er uns genügend beschnuppert hat, auf seinen Platz und gähnt. Fluchtartig verlassen wir den Käfig.

Das Schnuppern der Zirkusluft scheint ansteckend zu sein. Meine Tochter Mirjam ist zirkusverrückt. Vor allem im Sommer an der Ostsee wandern wir von Zirkus zu Zirkus. So sehen wir auch den Moskauer Staatszirkus in Rostock. Wir sind begeistert. Vor allem die Clowns Samir und Ramasan haben es Mirjam angetan. Wir sitzen vorn in der Loge, doch die Begeisterung läßt Mirjam stehen. Eine Kamel-Nummer: Wunderbar! Ein Kamel steht direkt vor ihr, sie setzt sich wieder hin. Ich sehe ihr betretenes Gesicht und rieche etwas. »Hast Du etwa aus Angst . . .«

»Nein, Papa«, sagt Mirjam und weint los.

»Steh doch mal auf!«

Langsam steht sie auf, und ich sehe die Bescherung: Ihre Hose hat hinten einen riesigen braunen Fleck. »Du hast doch in die Hosen gesch . . .!«

»Nein, Papa!« Mirjam weint lauter, ist verzweifelt.
»Und was ist das?« frage ich empört.

Bevor sie antworten kann, kommt ein Zirkusarbeiter mit Reinigungsmitteln auf uns zu und versucht uns klarzumachen, daß sich der Zirkus bei uns entschuldigt. Einem Kamel ist bei der Drehung, ohne daß wir es bemerkten, ein Malheur passiert. Als »Trostpflästerchen« darf Mirjam zu Samir und Ramasan in den Wohnwagen.

Anschließend laden wir alle Zirkusleute zu uns ein. Und sie kommen! Ein unvergeßlicher Tag für alle! Diesen ganzen Sommer über üben wir unermüdlich kleine Zirkusnummern ein . . .

Frank Schöbel, den ich schon längere Zeit kenne, bittet mich eines Tages, in seiner Show »Frank und Gäste« mitzuwirken. Für den Inhalt der Sendung ist Jochen Petersdorf zuständig, der mir bald in einem kleinen Berliner Café gegenübersitzt und erklärt, das Fernsehen wünsche sich einen Sketch zum Thema »Schwank«, in dem ich mitwirken soll.

Ich habe eine Idee. »Wie wäre es, wenn ich mit Frank am Tisch stehe, ihm erkläre, weshalb ich nicht trinke, und ihm vormache, wie ein Kollege trinkt. Am Ende unseres Sketsches sind wir beide ›stockbesoffen‹.«

Petersdorf sieht mich verblüfft an, denkt eine Weile nach. »Das ist es!«

Schon am nächsten Tag bringt er mir das Manuskript zum Sketch »Boddelmeier«. Ich lese es mir durch – und bin sofort begeistert.

Wir haben selbst viel Spaß beim Spielen, und die Zuschauer biegen sich vor Lachen.

1980 wird im Fernsehen »Grenadier Wordelmann« aufgezeichnet. Das Buch hat Hans-Joachim Hildebrandt geschrieben, der auch Regie führt. Dramaturg ist A. Nehring, der bei Adameck schließlich durchsetzt, daß das Stück überhaupt gesendet wird.

Friedrich II. ist nämlich wieder genehm, »Unter den Linden« wird sein Denkmal erneut aufgestellt. Das Stück, daß die Zustände unter Friedrich II. kritisch beschreibt, paßt nicht in die Stimmung der Zeit. Peter Reusse, Franziska Trögner und ich spielen die Hauptrollen. Meine Rolle ist der Kossät Schmitzdorf, der als einfacher Mann an diesem Militärstaat und seinem Rechtswesen zugrunde geht. Mit dieser Rolle kann ich an Rollen wie den Studtmann in »Wolf unter Wölfen« anknüpfen. Es ist eine tragikomische Figur, die mir sehr vertraut ist.

19. Ein Traum wird wahr

Mein 60. Geburtstag naht. Inzwischen haben wir auf abenteuerliche Art, mit strapaziösem Ringtausch, einen ziemlich heruntergekommenen Kasten, sprich Haus, in Zeuthen gekauft. Wir verbrauchen viel Kraft und Nerven, um einige Räume bewohnbar zu gestalten.

Bei der Post in Zeuthen mache ich mich gleich sehr beliebt, denn ich erhalte viele telefonische Telegrammdurchsagen. Folgendes passiert dabei: Wir probieren gerade die Unterhaltungssendung »Ein Bums wirkt manchmal Wunder«. Regie führt Günter Stahnke. Das Telefon in Zeuthen klingelt. Ich nehme ab. »Hier Köfer, hallo?«

Auf der anderen Seite vernehme ich ein Kichern, dann ist Ruhe. Nach einer Weile: »Hier ist die Post, wir möchten ein Telegramm durchgeben.« Wieder höre ich Lachen.

Stockend, immer wieder unterbrochen von Lachen, sagt eine weibliche Stimme: »Hier steht: Morgen um 12 Uhr Bumsprobe!«

Ich komme nicht einmal dazu, mich für die Übermittlung zu bedanken, denn mit schallendem Gelächter legt die Dame von der Post auf.

An meinem 60. Geburtstag ist das Haus voller Gäste. Zum Glück kommen nicht alle gleichzeitig, sonst hätten wir wohl eine winterliche Gartenparty feiern müssen.

Frank Schöbel kommt mit Rolf Herricht auf mich zu. »Du, Herbert, nur eine kleine Frage. Ich gehe jetzt auf Tournee, und Rolf nehme ich mit. Hast du etwas dagegen, wenn wir den Boddelmeier-Sketch in das Programm einbauen?«

Ich muß da nicht lange überlegen – und lehne ab. »Bitte, nehmt mir das nicht übel, aber an diesem Sketch hänge ich nun wirklich. Ich möchte nicht, daß ihn jemand anderes spielt.«

»Na ja, gut, war ja nur eine Frage«, meinen die beiden. Rolf ist nicht überrascht, versteht meine Reaktion. Ich sehe die beiden jedoch lebhaft diskutieren – nach einer Viertelstunde stehen sie wieder vor mir.

»So«, baut sich Rolf auf, »dann mache ich dir jetzt ein zusätzliches Geburtstagsgeschenk. Ich schenke dir die Tournee mit Frank! Spiele du an meiner Stelle die 80 Vorstellungen, spiel deinen Boddelmeier-Sketch selbst!«

Das ist eine tolle Überraschung und ein Angebot, das ich nicht ablehnen kann.

Ich toure also mit Frank durch die DDR, stehe mit ihm über hundertmal auf der Bühne und spiele den Sketch.

So schön es ist, so groß ist die Belastung. In nur einem Jahr fahre ich mit dem Auto fast 100 000 Kilometer. Dabei lerne ich Texte und bereite mich auf meinen Auftritt vor. Zum Glück bin ich Besitzer eines »Volvo«. Das erleichtert vieles. Wie kam ich zu diesem in der DDR angefeindeten und neidvoll betrachteten Gefährt?

Es ist die Zeit der Anerkennung der DDR. Die Staatsführung rüstet von Tschaika auf Volvo um. Da geht ein Raunen durch das Land: Es soll jetzt Westwagen geben!

Wir wohnen noch auf der Fischerinsel, sitzen beim Abendbrot und schauen auf die gemütlich plätschernde Spree.

Das Telefon klingelt. »Hier Stahnke. Ob ihr's glaubt oder nicht, aber ich habe eben einen Volvo gekauft!«

Natürlich denke ich, das ist ein Witz. Da er aber dabei bleibt, muß ich ihm wohl glauben. Ute und ich beratschlagen, was zu tun sei, wenn das stimmt, daß man einfach so einen Volvo kaufen kann. Wie kommt man schnell zu 43 000 Mark? Wir rechnen alles durch: Was bringt der Verkauf unseres Autos? Wer borgt uns schnell den Rest? Endlose Telefonate folgen.

Als alles geklärt ist, machen wir uns am nächsten Morgen auf den Weg zum Autohaus »Unter den Linden«.

Wir wollen erst einmal sehen, was dran ist an der Sache. Neugierig stehen wir vor dem Autohaus, sehen durch die Scheiben. Alles ist wie immer. Kein Volvo zu sehen. Es ist also doch eine Ente!

Eigentlich gehen wir nur zum Spaß noch hinein und fragen an der Information: »Wir haben gehört ...«

»Ja Herr Köfer«, ist die Antwort, »das stimmt. Würden Sie bitte Platz nehmen.«

Wir sitzen. Ein junger Mann im hellgrauen Anzug mit dezenter Krawatte kommt auf uns zu. »Sie wünschen einen Volvo? Welche Farbe? Hier sind die Prospekte. Besichtigen können Sie ein Modell im Innenhof.«

Wir kichern und denken, man treibt einen Scherz mit uns.

Im Innenhof trauen wir schließlich unseren Augen nicht: Dort steht tatsächlich ein Volvo. Es ist wie in »Aladin und die Wunderlampe«.

Kaum ist die erste Euphorie verflogen, schon streiten wir uns über die Farbe. Letztlich entschließen wir uns zu einem weinroten Volvo. Der Vertrag wird gemacht. Das geht zack-zack. Als wir wieder vor dem Autosalon stehen, ist mir beklommen zumute. Ich glaube, das ist nur ein Traum.

Aber es ist Wirklichkeit. Schon am Nachmittag können wir das Traumgefährt in Schöneweide abholen.

Ich rufe Rolf Herricht an und erzähle ihm davon. Er sagt: »Ich denke nicht daran, einen Volvo zu kaufen. Ich lasse mich doch nicht lynchen.« Ich aber schwebe im siebten Himmel, beachte seine Warnung nicht.

Später muß ich feststellen, daß Rolf mit seinen Befürchtungen wie so oft fast recht hatte. Und doch fahre ich das Auto viele Jahre.

Während ich mit Frank Schöbel auf Tour bin und wir beide mit viel Vergnügen Abend für Abend den »Boddelmeier«-Sketch spielen, liege ich ihm immerzu in den Ohren, er soll doch einmal für mich ein Lied schreiben. »Mußt du denn nun auch noch singen?« schimpft er und stöhnt. »Wenn doch nur nicht alle Schauspieler ständig singen wollten!«

Dennoch – einige Wochen später legt er mir den

Titel »Du bist klein, möchtest groß sein« vor, den Text hat Burkhart Lasch geschrieben. In Rainer Süß' Sendung »Da liegt Musike drin«, in der ich mit Frank unseren Sketch spiele, singe ich das Lied zum ersten Mal.

20. »Russisches Roulette«

Während der Dreharbeiten zu »Geschichten übern Gartenzaun« nutze ich eine größere Drehpause zur Erholung an der Ostsee. Eines Abends klingelt das Telefon, Horst Zaeske, der Regisseur der Serie, ist in der Leitung. Stockend sagt er: »Rolf Herricht ist tot. Er ist gestern abend auf der Bühne des Metropol-Theaters gestorben.«

Ich kann nicht begreifen, was ich eben gehört habe. Jahrelang haben wir zusammen gearbeitet, waren Freunde. Nie mehr Rolf anrufen können, nie mehr hören: »Bruder, ich muß dir was erzählen!« Es will einfach nicht in meinen Kopf.

Kurz nach meinem Telefongespräch mit Horst Zaeske klingelt das Telefon erneut. Diesmal ist Evelin Matt am Apparat, Redaktionsleiterin der Fernsehunterhaltung. Sie teilt mir alles noch einmal mit, doch ich merke, daß sie noch etwas anderes auf dem Herzen hat. »Ich weiß, wie schwer das jetzt auch für dich ist, Herbert«, beginnt sie, »es ist für uns alle nicht einfach, damit zurechtzukommen.« Sie erzählt mir, daß in zwei Tagen der »Kessel Buntes« aus Cottbus übertragen wird, Rolf sollte darin mit Helga Hahnemann einen Sketch spielen. »Wir haben lange überlegt, ob wir den Sketch aus dem Programm streichen. Doch wir glauben, das wäre

nicht in Rolfs Sinn. Würdest du seinen Part übernehmen, Herbert?«

Meine erste Reaktion ist Ablehnung: »Nein, ich
kann es nicht.«

Doch sie bleibt hartnäckig: »Du hast Rolf so gut ge-
kannt! Was glaubst du, was er in dieser Situation tun
würde? Für ihn zählte doch immer nur das Publikum!«

Sie schafft es, mich zu überreden. »Gut«, sagt sie,
»dann schicke ich dir ein Auto und den Text gleich
mit! Da kannst du schon auf der Fahrt den Text lernen. Mit Helga ist schon alles abgesprochen, sie ist
bereit, so lange mit dir zu proben, bist du es drauf-
hast!«

Gesagt, getan. Ich fahre also nach Cottbus und
stehe anstelle meines Freundes Rolf Herricht mit
Helga auf der Bühne. Die Resonanz ist groß, doch
beim Schlußapplaus sehen Helga und ich uns an. Eigentlich wäre es Rolfs Applaus gewesen, denken wir
beide.

In den nächsten Wochen werden die Bücher zur
Serie »Geschichten übern Gartenzaun« hektisch um-
geschrieben. Rolf muß nun ein zweites Mal sterben.
Sein Tod wird in die Serie »eingebaut«. Ich denke,
wahrscheinlich wird es mir auch einmal so gehen.

Bald soll ich am eigenen Leibe erfahren, daß das
Leben mitunter »Russisches Roulette« mit uns spielt.
Wir spielen im Potsdamer Neuen Palais den Schwank
»Du bist dran mit Frühstück!«. Zu den Proben fahre
ich mit dem Auto von Berlin nach Potsdam, meistens
nehme ich noch Kollegen mit.

Auf der Landstraße zwischen Mahlow und Teltow

fährt vor uns ein entsetzlich qualmender und stinkender LKW. Er schleicht regelrecht dahin, also entschließe ich mich zu überholen. Während des Überholvorgangs biegt der LKW jedoch urplötzlich, ohne vorher zu blinken, nach links ab. Geistesgegenwärtig kann ich das Steuer noch so weit nach links reißen, daß wir auf dem Kartoffelfeld landen, nachdem wir über Gräben und Hügel regelrecht »geflogen« sind.

Schockiert klettern wir aus dem Auto und besehen uns den Schaden. Es sieht furchtbar aus. Doch erleichtert stellen wir fest, daß keiner von uns auch nur eine Schramme erlitten hat. Außer Ingeborg Krabbe und mir saß noch Hannelore Erle, die Frau Dietmar Richter-Reinicks, im Auto. Erst als wir uns das Auto nach einer Weile noch einmal genauer ansehen, läuft uns eine Gänsehaut über den Rücken. Die rechte Seite ist wie eine Konservendose aufgeschlitzt, das Beifahrerfenster von der Stoßstange des LKWs wie von einem Glasschneider fein säuberlich angeritzt. »Einen Millimeter weiter«, so sagt uns der Gutachter noch am Unfallort, »und sie wären alle tot, denn dann hätte der LKW sie mit der Stoßstange erwischt, und sie wären unter dem schweren Fahrzeug zerquetscht worden.«

Mit gehöriger Verspätung kommen wir in Potsdam an. Erst dort scheint Ingeborg zu begreifen, daß sie soeben dem Tod »von der Schippe gesprungen« ist, und erleidet einen Nervenzusammenbruch. Doch was wird nun aus ihrer Rolle – ohne sie funktioniert das ganze Stück nicht. Walter Richter-Reinick hat die Idee, die Szene zu »erzählen«. Wir improvisieren zur öffentlichen Generalprobe. Die Zuschauerresonanz ist sehr groß. Leider geht die Aufzeichnung später verloren. Am nächsten Abend, zur Direktübertragung, ist Ingeborg wieder fit, alles läuft planmäßig ab.

In der Serie »Die Lindstedts« spiele ich einen Patienten in einem Kurheim. Zusammen mit Günter Grabbert bewohne ich ein Zimmer. Die zu spielende Szene sieht vor, daß ich mit Grabbert einen längeren Dialog im Zimmer habe, der dann auf dem Balkon fortgesetzt wird. Die Szenen im Zimmer haben wir abgedreht. Einen Monat später soll dann die Szene auf dem Balkon gedreht werden. Im drehfreien Monat verbringe ich meinen Urlaub mit meiner Familie in Ahrenshoop. Kurz vor Urlaubsende fällt mir ein, daß ich keinen Bart mehr habe. Ich bin fest davon überzeugt, daß ich in den »Lindstedts« mit Bart gespielt habe. Ich rufe den Maskenbildner an, und er verspricht, daß er für den am nächsten Tag stattfindenden Drehtag einen Bart knüpfen wird. Am nächsten Tag bin ich in Wehlen. Die Szene wird mit Bart gedreht, alles ist noch einmal gutgegangen. Denke ich.

Bei der Sendung Wochen später sehe ich, daß ich im Zimmer gar keinen Bart trage! So sieht man jetzt im Zimmer einen bartlosen Köfer, der auf den Balkon geht und dort plötzlich einen Bart hat. Nach der Rückkehr ins Zimmer plaudert er ohne Bart mit Günter Grabbert weiter. Mir ist bis heute nicht klar, weshalb das vom Drehstab keiner gemerkt hat.

Apropos gemerkt . . .

Wie schön ist es doch, wenn man nach einer Sendung viele Briefe bekommt. Wie sehr freut man sich über jedes lobende Wort. Ein Brief hat mich allerdings sehr in Schwierigkeiten gebracht. Da schreibt ein Zuschauer: »Lieber Herbert Köfer! Ich sehe Sie immer sehr gern in Fernsehspielen und Filmen. Gestern habe ich mir ihre Sendung ›Hauptfilm läuft‹ angesehen. Es war sehr schön. Aber ich habe mal gezählt, wie oft Sie ›Äh‹ gesagt haben: 26mal! Mit kultivierter Sprache hat das nichts zu tun! Ich möchte mich gern weiter über Sie freuen. Deshalb: Gute Besserung!«

In der nächsten Sendung kämpfe ich nur mit den »Ähs«. Es ist sicher eine meiner schlechtesten Moderationen. Höllenqualen sind das!

Ähnliche Qualen habe ich einmal in der Sendung »Wohin am Wochenende« zu erleiden. Nicht wegen eines Zuschauers, sondern wegen einer Schlange. Ich liebe Tiere. Alle? Ja, alle. Na ja, einige liebe ich nicht ganz so intensiv. Diese Sendung gehört noch in die Anfänge des Fernsehens, Redakteur war Wolfgang Stemmler. Jahrelang ist er mein Chef, immer für die Unterhaltung zuständig, eine Kämpfernatur.

In »Wohin am Wochenende« stelle ich Künstler vor, die unter anderem im Theater oder auch im Zirkus oder Varieté auftreten. In einer Sendung ist eine Schlangentänzerin mein Gast. Ria de la Norte ist ihr Künstlername. Ihr richtiger Name ist Rita Krause, sie wohnt in Berlin-Neukölln.

Die Sendung wird live ausgestrahlt. Ria kommt in letzter Minute, sie hat einen großen Korb mitgebracht. Nachdem wir uns eine Weile über ihre Arbeit unterhalten haben, öffnet sie den Korb und holt eine mehrere Meter lange Schlange heraus. Da es in dem kleinen Studio sehr warm ist, fühlt sich die Schlange ausgesprochen wohl. Dementsprechend benimmt sie sich auch. Sie schlängelt sich um Rias Hals und kommt mit ihrer »züngelnden« Zunge, wie das bei Schlangen nun einmal so üblich ist, meiner Nase bedenklich nahe. »Keine Angst«, sagt Ria, »sie hat keine Giftzähne mehr!« Sie zeigt mir ihre Hand, auf der überall kleine Löcher sichtbar sind. »Manchmal beißt sie ein klein wenig, aber das ist nicht lebensgefährlich.«

Der Schlangenkopf kommt meiner Nase immer näher. Ich leide, und im Regieraum liegen die Kollegen vor Lachen auf dem Boden.

Einmal verschlägt mir eine Situation mit einem Kaiman restlos die Sprache. In dem Lustspiel »Ich bin nicht mein Bruder« wird ein Kaiman, so sieht es das Drehbuch vor, von einem »Tierversand« in einer Holzkiste geliefert. Meine Partnerin Brigitte Krause muß die Kiste in Empfang nehmen und, ohne hineinzusehen, abstellen. Im Laufe der Handlung zeige ich ihr den Kaiman, mache die Kiste wieder zu, wir setzen uns auf die Kiste und beginnen einen sehr zärtlichen Dialog. Natürlich haben wir immer ein ausgestopftes Tier. Die Sendung läuft. Ich zeige den Kaiman, der unbeweglich daliegt. Wir setzen uns auf die Kiste. Dialog. Plötzlich kracht es in der Kiste. Man hat, ohne uns zu informieren, einen echten Kaiman in die Kiste gelegt. Die Hitze machte ihn munter. Mein Text ist wie weggeblasen. Brigitte übernimmt ihn, stottert aber furchtbar, da sie ja meinen Text nicht gelernt hat. Nach einigen Minuten habe ich mich wieder gefangen, und es geht ohne Zwischenfall weiter.

Am nächsten Tag sagen einige Kollegen: »Mann, die Brigitte hat aber mit dem Text gehangen. Gut, daß du so ruhig geblieben bist!«

Wenn man als Schauspieler mit einem Tier spielt, so weiß man, daß man das Spiel von vornherein verloren hat. Natürlich guckt jeder Zuschauer, was das Tier macht, und nicht danach, was der Schauspieler gerade anstellt.

Wir drehen den heiteren Fernsehfilm »Aber Doktor!«, Regie Oldrich Lypsky. Es gibt eine Szene, in der ich vor einem Hund flüchtend ins Wasser springen muß. An Land geht alles gut, aber im Wasser . . .

Anfang November mit voller Kleidung ins Wasser springen zu müssen, ist schon nicht sehr angenehm. Aber ich springe! Und schwimme los, um »mein« Boot zu erreichen. Nur der Hund, ein Neufundländer, will sich nicht an das Drehbuch halten und springt hinterher. Wild entschlossen, mich zu retten, schwimmt der Vierbeiner mir nach, packt mich und zieht mich an Land! Die Szene muß wiederholt werden. Doch der Ablauf ist genau wieder derselbe. Gegen einen gelernten Lebensretter ist eben kein Kraut gewachsen.

Auch im Stück »Ein Häuschen im Grünen« spiele ich mit einem Hund. Alexander Kent hat diese Rolle für mich geschrieben, denn er kennt meine Liebe speziell zu Hunden. Der Hund und ich verstehen uns prächtig. Wenn sein Frauchen und ich in der Pause vor dem Proberaum sitzen, setzt er sich diplomatisch so zwischen uns, daß er sowohl zu dem einen als auch zu dem anderen gehören könnte.

Meine Zusammenarbeit mit dem Regisseur Jochen

Thomas und dem Autor Alexander Kent ist vorzüglich. Vor allem mit Jochen Thomas bin ich über viele Jahre hinweg freundschaftlich sehr verbunden. Alexander Kent habe ich in der Fischerinsel kennengelernt. Er kam eines Tages zu mir, mit einem Manuskript in der Hand. Das Stück hieß »Krach im Hochhaus«. Das war übrigens für Helga Hahnemann der erste Schwank, in dem sie mitspielte. Jens-Peter Proll inszenierte ihn.

Später schreibt Alexander Kent dann direkt für mich, unter anderem auch den »Lumpenmann«. Fast wäre dieses Stück nicht über den Sender gegangen. Irgend jemand in irgendeinem Ministerium, Unterabteilung Sekundärrohstoffe, wehrt sich gegen die Bezeichnung »Lumpenmann«: »Unsere Mitarbeiter im sozialistischen Sekundärrohstoffhandel sind keine Lumpenmänner!« Er kennt das Stück überhaupt nicht.

Jochen Thomas ist nicht nur ein Regisseur, mit dem man gut auskommen kann, sondern auch ein glänzender Schauspieler. Wir spielen sehr viel zusammen, unter anderem in den Serien »Tierparkgeschichten«, »Familie Neumann«, »Rentner haben niemals Zeit«, sogar als Weihnachtsmänner treten wir später gemeinschaftlich in Frank Schöbels Sendung »Weihnachten in Familie« auf.

Ab 1982, dem 30. Geburtstag des »Fernsehens der DDR, moderiere ich wieder eine Sendung, die auf einer Idee von mir beruht. Sie heißt »Das blaue Fenster« und ist eine Art »Fernseh-Rumpelkammer«. Lange hat es gedauert, bis jemand anbiß. Bruno Kleeberg, mit dem ich viele Unterhaltungssendungen gemacht habe, ist dafür der geeignete Mann. Eigentlich hat man sich auf eine kurze Laufzeit eingerichtet, aber die Sendung wird ein Dauerbrenner. Auf der Straße rufen mir selbst Kinder hinterher: »Das blaue Fenster, das blaue Fenster!« Mit einer solchen Resonanz habe ich überhaupt nicht gerechnet. Meine staatlichen Leiter erst recht nicht. Erst mit der Wende wird das »Blaue Fenster« geschlossen.

So viele Erfolge ich in der Arbeit habe, so wenig klappt es auf privater Ebene: Meine zweite Ehe hält ebenfalls nicht. Wir sind einfach zu verschieden. 1984 lassen wir uns schließlich scheiden. Doch wir bleiben in unserem Haus, einer oben, einer unten. Es soll eine Trennung »im Guten« sein, denn unser Kind soll nicht unter der Scheidung leiden. Das nehmen wir uns jedenfalls vor. Es gelingt natürlich kaum. Ich frage mich, ob ich »eheuntauglich« bin. Ja, wahrscheinlich. Ich habe versagt, denke ich immer wieder.

Noch eine Schlappe muß ich in dieser Zeit hinnehmen: Der Versuch, für das Schauspielerensemble des DDR-Fernsehens ein Fernsehtheater in einem festen Haus zu schaffen, war sinnlos und vergeblich. Einige Jahre habe ich das mit all meinen Kräften versucht, doch nun erkenne ich mein Scheitern und gebe auf.

Die Leitung des Fernsehens stemmte sich gegen die Idee. Das Ensemble machte mich zum Sprecher für dieses Theater, ich wurde sogar in die »Ständige Kommission Kultur« der Stadtverordnetenversammlung gewählt. Alles mit dem Ziel, eine solche Aufführungsstätte durchzuboxen.

Je mehr ich darum kämpfte, um so mehr stieß ich bei den Funktionären auf taube Ohren. Joachim Her-

mann, das für das Fernsehen zuständige Politbüro-
mitglied, ging sogar so weit, sich bei Beratungen de-
monstrativ die Ohren zuzuhalten, sobald das Wort
»Fernsehtheater« fiel. Wenn er eine Weile so dage-
sessen hatte, fragte er: »Seid Ihr fertig?«, und nahm
die Hände von den Ohren. Eine Begründung für dieses ablehnende Verhalten erhielten wir nie. So spielen wir also die heiteren Stücke weiterhin nur zweimal – zur Generalprobe und zur Aufzeichnung.

Ich stehe neben meiner Fernseharbeit auch sehr oft
mit Frank auf der Bühne. Er schreibt ein Friedenslied
für mich, den Text liefert wieder Burkhardt Lasch.

Auf öffentlichen Veranstaltungen kann ich den Titel noch ohne Probleme singen. Aber in der Fernseh-
übertragung der Sendung »Frank 20« aus dem Palast
der Republik wird mir vorgeworfen, der Text sei »pa-
zifistische Panikmache«.

Ich streiche das Lied jedoch nicht aus meinem Repertoire. Vor der Live-Übertragung einer »Friedens-
matinee« im Rundfunk ergeht die Weisung, das Lied
nicht zu singen. Doch ich setze mich durch und trete
auf. Ich merke, daß etwas mit dem Mikrofon nicht
stimmt. Ich bin weder im Saal noch in der Rundfunksendung zu hören. »Eine Tonstörung«, wird mir gesagt, »da kann man nichts machen, das kann passieren!«

21. Die Mauer fällt

Inzwischen bin ich Rentner, kann ungehindert und ohne große Schwierigkeiten in den Westen zu meinen Eltern fahren. Ungehindert klingt gut. Ohne Schwierigkeiten noch besser. Doch von wegen: Bei fast jeder Fahrt werde ich an der Kontrollstelle festgehalten. Warum, weiß ich nicht. Selbst am Tag der »diamantenen Hochzeit« meiner Eltern hält man mich auf. Ich habe die kalten Platten und den Kuchen im Kofferraum. Der Bürgermeister von Berlin-Charlottenburg hat sich angesagt. Da muß natürlich ein Büfett her! Doch das hat jetzt an der Grenze auf seine Abfertigung zu warten. Der Bürgermeister muß schließlich ohne ein Büfett auskommen. Als ich noch wütend und erregt in den Spiegelweg komme, ist er schon weg. Meine Eltern sehen mich vorwurfsvoll an.

Den Akten der Gauckbehörde entnehme ich später, daß ich unter »Ausreisefahndung« stand. Weiß der Teufel, weshalb. Obwohl der Grenzübergang jedesmal mit dem unangenehmen Gefühl, etwas Verbotenes zu tun, überquert wird, wird er doch bald zur vertrauten Gewohnheit. Meine Eltern sind jetzt sehr gebrechlich. Ich habe wenig Zeit, aber versuche, ihnen zu helfen. Manchmal treffe ich frühere Kollegen, gehe dann und wann ins Kino.

Freunde und Bekannte bleiben einer nach dem anderen im Westen, gehen nicht zurück in die DDR. Im Fernsehen werden viele Filme deshalb aus dem Programm genommen, weil ein Beteiligter drübengeblieben ist. Es werden immer mehr Filme, die aus diesem Grund vom Sender verbannt werden. Wir führen in Versammlungen unfruchtbare Debatten über diese Sinnlosigkeit. Es bleibt aber dabei.

1988 bittet man mich, für den erkrankten Gerd E. Schäfer weiter den »Maxe Baumann« in dem gleichnamigen Musical im Metropol-Theater zu spielen. Ich sage gern zu. Ein- bis zweimal im Monat spielen wir. Die Termine werden immer mit meinen anderen Arbeiten abgestimmt.

Alles geht gut.

Ich führe in Görlitz Veranstaltungen anläßlich des Frauentags durch. Vor der ersten Vorstellung rufe ich noch einmal zu Hause an. Mirjam ist am Telefon. »Wie geht es?« frage ich. »Ach«, druckst sie herum, »es ist etwas passiert.«

»Was?« frage ich besorgt. »Mit Geertje (Utes kleine Tochter), mit Mutti, mit den Tieren?«

»Nein«, sagt sie, »du hast jetzt Vorstellung im Metropol-Theater!«

Am liebsten möchte ich im Erdboden versinken! Es ist 20 Uhr, und ich sitze in Görlitz. Wie konnte das passieren?

Man hat mich nicht verständigt! Aussage steht nun gegen Aussage. Man will mich schuldig sprechen: Ich soll die Vorstellung bezahlen – viel Geld. Ich zahle natürlich nicht, sondern nehme mir einen Anwalt. Ich bin im Recht. Der Berliner Magistrat reicht seinerseits Klage gegen mich ein. Fast ein Jahr lang höre ich nichts mehr. Die Wende kommt. Nun hat es sich wirklich erledigt, denke ich. Da kommt plötzlich ein Brief, der Gerichtstermin wird bekanntgegeben. Aber jetzt heißt es nicht mehr »Der Magistrat von Berlin gegen Herbert Köfer«, sondern »Der Senat von Berlin gegen Herbert Köfer«.

Meine Unschuld stellt sich heraus, ich werde freigesprochen.

Dennoch kann ich mich nicht darüber freuen, denn egal, wer schuld war, die Leute sind nach Hause geschickt worden, weil ich nicht da war. Den Gedanken werde ich nicht mehr los.

Eines Tages ruft mich der Schriftsteller Rainer Kerndl an und sagt, daß er sehr gern einmal etwas für mich schreiben würde. Nach einem Gespräch mit dem für Fernsehspiele zuständigen Dramaturgen Wolfgang Pieper kann ich Rainer Kerndl mitteilen, daß man an einer Arbeit mit ihm interessiert ist.

Wir treffen uns, und so entsteht die Idee zum Fernsehspiel »Konstantin und Alexander«. Wolf-Dieter Panse übernimmt die Regie, Hans-Hartmut Schreier ist mein Partner.

Die Buchannahme von Rainer Kerndl verläuft so wie viele Buchannahmen beim Fernsehen: Änderungen, Änderungen, Änderungen. Kerndl ist langsam mutlos, macht alles, was von ihm verlangt wird, Konzessionen über Konzessionen. Das Werk, das nicht mehr identisch ist mit dem, was wir eigentlich beabsichtigten, wird im Oktober 1989 produziert und im März 1990 gesendet. Nach der Wende hätte man es nun eigentlich so senden können, wie Rainer Kerndl es geschrieben hatte. Aber leider! In einer Zeit, in der ein frischer Fernsehwind weht, läuft nun ein inkonsequentes Werk, dem kaum einer seine volle Zustimmung geben kann, trotz der herrlichen Rollen.

Sommer 1989. Fernsehbilder der Massenflucht. Sehr junge Leute mit kleinen Kindern. Verängstigte Gesichter. Ich denke, es ist nicht gut, was sie tun. Es ist Hysterie. Die jungen Leute hatten es doch gut. Oder nicht? Ich, der seine Jugend über weite Strecken in Granattrichtern, Kälte, Hunger und Wirrnis zugebracht habe, kann diesen jungen Leuten auf ihrem Fluchtweg nicht folgen. Es ist für mich nicht nachvollziehbar. Ich spüre in diesem Moment sehr stark, daß ich einige Dinge in diesem Land nicht genügend verfolgt habe. Wahrscheinlich liegt es daran, daß ich fast nur für meinen Beruf gelebt habe. Wie mag einem zumute gewesen sein in diesem Land, der nicht wie ich in einem künstlerischen Beruf tätig war, der nicht gelebt hat, um zu arbeiten, sondern gearbeitet hat, um zu leben?

Das ist ja schließlich auch erlaubt.

Diese jungen Leute, die aus dem Land stürmen, sind es jetzt, die neue Verhältnisse schaffen.

Mit großer Beschämung sehe ich das Agieren unserer Staatsführung. Ich kündige meine Mitgliedschaft in der SED, in die ich nach dem Krieg so hoffnungsvoll eingetreten war. Dieser Staat, die DDR, in dem ich mich zu Hause fühlte trotz der vielen Querelen oder vielleicht gerade wegen der vielen Unstimmigkeiten, dieser Staat ist bankrott. Was kommt jetzt? Bürgerkrieg? Wieder Panzer? Wie geht es weiter?

Unblutig jedenfalls. Die Mauer fällt.

Die Ereignisse überschlagen sich. Der 9. November 1989 ist für jeden, der in Berlin auf den Beinen ist, ein unvergeßlicher Tag.

Im Dezember 1989 bietet man mir an, in der Sendung »Musikantenstadl« mitzuwirken, der ersten und leider einzigen Ost-West-Gemeinschaftssendung, wobei ich die gemeinsamen Übertragungen des Honecker-Besuchs in Bonn ausklammere.

Also, »Musikantenstadl« aus der Cottbusser Stadthalle: Was ist das für eine Stimmung! Kollegen, die sich bisher nur vom Bildschirm kennen, umarmen sich. Mit den Worten »Mensch, der Herbert!« oder »Endlich kann ich dir persönlich die Hand drücken« kommen Edith Hancke und Wolfgang Völz auf mich zu. Harald Juhnke sehe ich zum erstenmal in der Maske. »Ich habe oft über Sie gelacht«, sagt er. »Ich über Sie auch«, entgegne ich.

Die gegenseitige Freude ist ehrlich, das merkt man. Dann die Sendung. Ein übers andere Mal sagt Karl Moik: »Wahnsinn!« Es ist wirklich Wahnsinn. Diese Stimmung unter den Zuschauern! Man lacht, weint, umarmt sich. Als Juhnke auftritt, stehen die Zuschauer auf, der Applaus will nicht enden.

Aber auch wir werden gefeiert. »Wahnsinn!«

Nur als ich meine Garderobe aufsuche, merke ich, daß eine tiefe Kluft zwischen Ost und West klafft. An jeder Garderobe steht mit großen Buchstaben der Name des Westkünstlers. Meine Garderobe finde ich nicht. Kann ich auch nicht, denn an der Garderobe, die mir zugedacht ist, steht lediglich »Herren/DDR«.

Und so soll es in den nächsten Monaten bleiben. Wir sind namenlos.

Überall neue Leute. Es ist wie eine Lawine, die zu

Tal rollt. Sie hält erst am Tag der Deutschen Einheit an.

Am Vorabend, dem 2. Oktober 1990, sind Eberhard Cohrs, meine Tochter Mirjam und ich in Halle. Wir spielen im Steintor-Varieté, am späten Abend sind wir noch zu Gast auf der Bühne einer Großveranstaltung. Nachts fahren wir mit dem Auto zurück nach Berlin, denn ich habe am nächsten Morgen eine Probe. Kurz vor dem Schönefelder Kreuz ist eine Einengung, Verkehr und Gegenverkehr müssen sich eine Spur der Autobahn teilen. Vor uns fährt ein LKW. Bei Rangsdorf blendet ein entgegenkommender PKW auf, in demselben Moment, noch ehe ich reagieren kann, sehe ich einen großen Schatten. Erst rast er nach rechts, dann wieder zurück, mir direkt ins Auto. Es ist ein Rind. Im selben Augenblick fahre ich voll über ein bereits am Boden liegendes Tier. Das gibt dem Auto den Rest. Auf der Gegenfahrbahn kommt ein kleiner Wagen mit bundesdeutschem Kennzeichen zum Stehen. Auch er ist beschädigt. Alles steht. Ein Arzt kommt. Mirjam hat einen Schock und ein Schleudertrauma. Ich habe Schmerzen am Kopf, am Arm, sonst nichts.

Die Polizei wird gerufen. Wir warten sehr lange. Wahrscheinlich feiern alle. Es ist nun bereits der 3. Oktober. Dann kommen endlich zwei Polizisten.

»Herr Köfer, was ist denn passiert?«

Die Westdeutschen gucken merkwürdig. Einer fragt: »Kennen Sie den?«

»Nee«, antworte ich, »aber die kennen mich.«

Alle sehen mich schief an. Entschuldigend murmele ich: »Ich bin Schauspieler.«

Der Herr aus dem kleinen Auto mit dem bundesdeutschen Kennzeichen gibt mir seine Visitenkarte mit den Worten: »Jetzt lachen Sie bitte nicht, wenn Sie meinen Namen lesen. Ich heiße Stier.«

Ein unvergeßlicher Tag!

Nicht jeden Tag gibt es eine Vereinigung. Aber auch nicht jeden Tag fährt man auf der Autobahn in herumirrende Rindviecher!

22. Es geht wieder aufwärts!

Nach der großen Lawine der Veränderungen folgen die vielen kleinen, persönlichen Lawinen. Für die Schauspieler des Fernsehens der DDR ist das eine arbeitsarme Zeit. Nur die publizistische Abteilung läuft auf Hochtouren. Junge Leute bekommen ohne viel Bürokratie die Möglichkeit, ihre Sendeideen zu verwirklichen. Die Berichterstattung ist genau und versucht, wahrhaftig zu sein. Die Zuschauer sehen freiwillig Ostfernsehen und schalten nicht um. Das ist eine Sensation.

Um so härter trifft mich wie alle meine Kollegen in Adlershof die Entscheidung, den Deutschen Fernsehfunk »abzuwickeln«. Anfang Dezember 1991 treffen sich viele Unterhaltungskünstler des Ostens und einige West-Gäste zur Produktion der letzten DFF-Sendung in der Stadthalle Chemnitz – die Silvestershow 1991 ist von einer äußerst seltsamen Stimmung geprägt. Frank und ich geben noch einmal unseren »Boddelmeier«-Sketch zum besten. Frank setzt der Sendung dann noch die Krone auf, indem er singt: »Der letzte macht das Licht aus.« Uns Künstlern geht es in diesen Monaten wie vielen Millionen Menschen im Osten – viele haben die Kündigung in der Tasche, sind »abgewickelt«, wissen noch nicht, wohin.

Ich weiß inzwischen, daß es weitergeht. Schon vor

der Wende hatte mein Freund aus »Bärenzeiten«, Gerhard Wollner, mich mit Horst Niendorf bekannt gemacht, dem Chef des Hansa Theaters in Westberlin. Bereits damals hatte Horst Niendorf mir angeboten, bei ihm zu spielen. Natürlich ging das damals nicht, denn ich hätte als Schauspieler des DDR-Fernsehens nie eine Genehmigung bekommen, in einem westlichen Theater zu spielen.

Jetzt steht dem nichts mehr im Wege. Horst Niendorf inszeniert den »Rosenemil« von Georg Hermann in einer Bearbeitung von Hans Borgelt. Mit den Kollegen aus Westberlin verstehe ich mich auf Anhieb. Theaterluft ist wohl auf der ganzen Welt von gleicher Beschaffenheit. Das Publikum nimmt mich an. Ich atme auf. In dieser Zeit stirbt im März 1990 mein Vater. Mein Sohn Andreas überbringt mir die Nachricht im Theater, und ich muß spielen. Ja, so ist es eben in diesem Beruf. Er hat auch viele unsichtbare Härten.

Ich nehme meine Mutter sofort zu mir nach Zeuthen. Mein Vater hat nicht mehr verstanden, was geschehen ist, und auch meine Mutter kann kaum begreifen, daß alles wieder einmal anders ist, daß es kein Ostgeld und kein Westgeld mehr gibt. Sie will immer in den kleinen Konsum gegenüber gehen und sagt: »Nun gebt mir doch endlich einmal ein wenig Ostgeld, damit ich einkaufen gehen kann.« Alle unsere Bemühungen, ihr klarzumachen: »Wir haben jetzt auch euer Geld!«, sind zum Scheitern verurteilt. Nur ein Jahr nach dem Tod meines Vaters stirbt auch meine Mutter. Nach einem Treppensturz muß sie ins Krankenhaus. Eines Nachmittags, ich konnte sie zwei

Tage nicht besuchen, sagt auf dem Flur eine Kran-
kenschwester zu mir: »Ach, Sie kommen die Sachen
mitzunehmen. Einen Moment.« Und weg ist sie. Ich
rufe ihr hinterher: »Wie meinen Sie das?«

Sie bleibt stehen. »Wissen Sie denn nicht, daß Ihre
Mutter vor zwei Tagen gestorben ist?«

Man hatte vergessen, mich zu informieren.

Irgend jemand drückt mir einen kalten blauen Pla-
stiksack in die Hand.

Das war's. Ich bin allein.

Die »Abwicklung« des DFF geht ziemlich chaotisch
und für uns langjährige Mitarbeiter auch schmerzhaft
vonstatten. Wir stehen fassunglos vor den auf dem
Betriebsgelände in Adlershof achtlos zu Schuttber-
gen aufgetürmten Gerätschaften und Möbeln, begreifen diese Verschwendung nicht.

Kurz vor dem Ende des DFF werden Uta Schorn
und ich in eines der wenigen noch vorhandenen Stu-
dios zur Aufzeichnung einer Rätselsendung eingeladen. Wieder ist dieses eigenartige Gefühl da – alles
befindet sich in Auflösung, abgeschnittene Kabel
hängen bereits herum, es sieht trostlos aus.

Wir nehmen auf hübschen Stühlen Platz. Nach der
Sendung fragen wir uns, was wohl damit wird, ob das
einer merkt, wenn wir die einfach mitnehmen. Kurz
entschlossen klemmen wir uns jeder zwei Stühle unter den Arm und packen sie in unsere Autos.

Doch am Ausgang jagt der Pförtner uns einen riesigen Schreck ein – er fordert uns auf, die Kofferräume
zu öffnen.

O Gott, denke ich, vierzig Jahre lang habe ich ehrlich beim Fernsehen gearbeitet, mir nie etwas zu-

schulden kommen lassen, und nach meiner letzten Aufzeichnung erwischen sie mich mit geklauten Stühlen!

Doch der Pförtner läßt uns passieren. Die Stühle sieht er nicht. Was für ein Glück!!

Nun geschieht mir das, was wohl nahezu jeder arbeitende Bürger der Ex-DDR in dieser Zeit kennenlernt: »Abwicklung«. Fragebögen ausfüllen, zu Behörden laufen. Papierkrieg!

»Sich transparent machen!« Warum? Für wen? Oder ist wofür besser? Herr Mühlfenzl ist nur ausübendes Organ. Natürlich. Aber wessen Willen setzt er durch?

Das Fernsehpublikum will mich nicht, es mag mich nicht mehr – sagt man. Dann waren die Jahrzehnte ein Trugbild? Wo sind die Leute, die gelacht haben, die geschrieben haben, die glücklich waren?

Sind sie weg? In mir ist eine tiefe Unsicherheit und Ratlosigkeit. Was macht ein Schauspieler ohne Publikum?

Die Zeit ist kurz, in der ich trübsinnigen Schauspielerphilosophien über den Lauf der Welt nachhänge. G. Hase-Hindenberg, mit dem ich im Hansa Theater auf der Bühne stand, erwähnt meinen Namen eines Tages eher zufällig in einem Gespräch mit dem Westberliner Herstellungsleiter Eicke Hendrich. Der hat mich als Kind in »Rentner haben niemals Zeit« gesehen, möchte mich kennenlernen. Wir treffen uns, und drei Wochen später halte ich das erste Drehbuch für die Fernsehserie »Auto Fritze« von Felix Huby in der Hand. Regie führen Rolf von Sydow und Stefan Bartmann. Hier lerne ich einige liebenswerte Kollegen

220

kennen, mit denen ich mich auch nach dem Drehen in meiner Freizeit treffe. Vor allem mit Michael Degen schließe ich Freundschaft. Ost und West nähern sich im kleinen Kreis wieder an. Wieviel Verschiedenheit und wieviele Gemeinsamkeiten! Die Abläufe in unserem Beruf sind überall gleich. Na ja, nicht ganz.

Gewöhnt bin ich an das Kommando: »Kamera läuft! Bitte!«

Jetzt heißt es »Action!« oder »Pick up!«

Na schön, ein paar Amerikanismen, an die man sich rasch gewöhnt.

Im Leben ordnet sich auch alles wieder. Heike Knoché ist zu mir gezogen. Meine Kinder und Enkel sind erreichbar. Und ich habe nicht nur ein Haus voller Frauen, sondern auch voller Tiere. Katzen, Hasen, Meerschweine, Rennmäuse und einen Hund. Ein Haus voller Leben.

Es ist Abend. Ich sitze in einem italienischen Restaurant in München. Ich fühle mich gut. Überhaupt nicht müde, obwohl ein anstrengender Drehtag hinter mir liegt. Kein Grund zu Klage: Felix Huby hat mir die Rolle in »Aber ehrlich« auf den Leib geschneidert.

Wie schnell habe ich mich und sicher auch Millionen andere sich daran gewöhnt, Dinge zu tun, an die vor kurzer Zeit noch nicht zu denken war.

Bin ich wieder in dem Deutschland meiner Kindheit angekommen? Oder ist es etwas zerbrechlich Neues? Wahrscheinlich können nur wir Älteren ermessen, wie zerbrechlich so eine Gegenwart sein kann.

Das kühle Bier schmeckt. Das Essen schmeckt. Na-

türlich Nudeln. Nein, Verzeihung, Pasta. Die Bedie-
nung ist freundlich. Nach dem Essen setze ich mich in
die Bahn, fahre in mein Appartement und telefoniere
mit meiner Familie. Wenn möglich, spreche ich mit
jedem ein paar Worte. Die Telefonrechnungen sind
hoch.

Morgen ist wieder ein Drehtag.

Ja, ich fühle mich ziemlich gut.

Bildnachweis

Hoffmann, 6 · Willott, 7, 8, · Karl Leher, 9, 13 · DEFA, 10 · Klaus Schwarz, 12 · DEFA-Erkens, 15 · DEFA-Pathenheimer, 16 · G. Linke, 20 · Herbert Seibt, 22 · DDR – Deutscher Fernsehfunk, 23 · Gisela Strauß, 24 · Helmuth Raddatz, 26 · Frank Roland-Beeneken, 27 · Volker Hedemann, 28 · hgm-press, 29, 30, 31 · Erwin Schneider, 32

Alle übrigen Fotos stammen aus dem Privatarchiv von Herrn Köfer.

In einigen Fällen konnten mögliche Bildrechte-Inhaber leider nicht ermittelt werden. Berechtigte Honoraransprüche werden selbstverständlich abgegolten.

Heinz
Quermann

Ihr Heinz,
der Quermann

Meine bunten Erinnerungen

Ullstein Buch 22998

»Ich habe mir nie einen
Künstlernamen zugelegt, weil
ich stets ein echter Quermann
gewesen bin«, sagt der Mann,
der jahrzehntelang die
Unterhaltungskunst in der
DDR maßgeblich mitgestaltet
hat. »Ich habe mich des
öfteren quergelegt, lag
gelegentlich auch schief, aber
ich wußte trotzdem immer,
wo es langging.«

Ullstein